국립중앙도서관 출판시도서목록(CIP)

나는 경매로 월세 2천만 원 받는다. 2탄 / 지은이: 유영수
. -- 서울 : 신나는 북스, 2013
    p. ;   cm

ISBN 978-89-969150-0-3 03320 : ₩15000

부동산 경매[不動産競賣]

327.87-KDC5
332.6324-DDC21   CIP2013022621

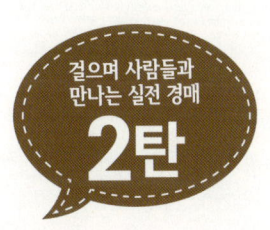
걸으며 사람들과
만나는 실전 경매
2탄

나는
경매로 월세
2천만 원
받는다

나는 경매로 월세 2천만 원 받는다 2탄

초판 1쇄 2013년 10월 28일

지은이 | 유영수
펴낸이 | 신나는 북스
신나는 북스 디자인실 | 박진희, 김은아, 김민정
편집 | 윤나래

인쇄 및 제본 | 인성문화사

펴낸곳 | 신나는 북스
주소 | 서울, 성동구 상원4길, 9(성수동1가)
전화 | 02-6084-7254
팩스 | 02-6085-7254

값 15,000원

ISBN 978-89-969150-0-3 (03320)
*잘못 만들어진 책은 구입하신 곳에서 바꾸어 드립니다.

권하는 말

경매와 역선택(adverse selection)

"부동산 경매에 있어서 성공 요인은 지식이 아니라 경험이다."

직장생활을 시작한 사회 초년생들에게 선배들이 지난 십여 년 전부터 한결같이 권하는 책이 있었다. 미국의 경제학자이자 작가인 로버트 기요사키의 「부자 아빠 가난한 아빠」가 바로 그것이다. 이 책은 1997년 발간한 이래 2,600만 부 이상이 팔릴 정도로 전 세계적인 베스트셀러가 됐다. 우리나라에서도 100만 부가 넘게 팔려 밀리언셀러로 등극했다.

이 책에 대한 인기와 함께 그가 만들어낸 명언들은 재테크의 새로운 패러다임이 생길 정도로 적잖은 충격을 가져다주었다. "집은 절대 자산이 아니다"는 그의 주장은 2000년대 들어 미국을 시작으로 부동산 거품이 꺼지면서 사실로 입증됐다. "열심히만 살아서는 절대 부자가 될 수 없다"거나 "돈을 위해 일하지 말고 돈이 나를 위해 움직이게 해야 한다"는 등의 명언은 지금도 많은 사람 사이에 널리 회자하고 있다.

2008년 미국의 서브프라임 모기지 사태는 우리나라의 부동산 경기에도 찬물을 끼얹었고 지금까지 회복 기미가 보이지 않는 상황으로 몰아넣었다. 부동산에서 기대하는 수익률이 형편없이 하락한 것은 물론, 주택시장 침체 국면은 좀처럼 되살아나지 않고 있다. 이렇게 가다 보면 "이제 부동산 가격에 거품조차 남아있지 않다"고 단언해야 할 날도 멀지 않았다.

이를 반영하듯 집을 사지 않고 임대로 거주하는 가구가 날로 증가하면서 전세금 상승세는 지속하고, 전세대란 현상은 주기별로 반복되고 있다. 여기에 우리의 독특한 임대방식인 전세는 반전세·반월세로 빠르게 전환되는 상황이다.

이 때문에 전세자금을 빌리려는 무주택자가 늘어나고, 금융권은 전세자금 대출로 반사이익을 보는 특이한 일까지 벌어지고 있다. 대출을 받아 집 장만을 한다 해도 사실상 집주인은 금융기관이 되는 이른바 하우스푸어로 전락하게 된다.

많은 사람은 막상 집을 사려고 해도 정보의 비대칭성[asymmetric information] 때문에 더 떨어질 것이라는 두려움을 갖게 된다. 또 조금이라도 더 받으려는 건축주나 집주인의 말 역시 곧이곧대로 믿기가 어렵다. 그런가 하면 집을 팔려는 사람들은 애초 구매한 금액보다 조금이라도 더 비싸게 팔아야 한다.

이 때문에 불경기일수록 좋은 집을 싸게 살 수 있다는 법원 경매가 부동산 구매의 한 방편으로 떠오른다.

시장가격보다 싸게 좋은 물건을 잡으려는 사람들로 법원 경매법정은 문전성시를 이룬다. 하지만 부동산 경매시장에도 정보의 비대칭성은 엄연히 존재하고 이로 인해 역선택을 하게 될 가능성이 크다. 공부(公簿)상으로 좋아 보이는 부동산도 숨겨진 부채나 예상치 못한 하자가 도사리고 있다. 그래서 경매로 집을 사면 좋다는 말만 듣고 달려들었다가는 큰 낭패를 보기 십상이다.

흔히 부동산을 투자용도로 사려는 사람들에게 기술적 투자를 멀리하고 가치투자를 우선시하라고 말한다. 이 정도의 실력을 갖춘 사람들이라면 이 책을 볼 필요가 없다. 이 책은 한마디로 법원 경매과정과 사례를 보여주는 실용 서적이다. 그것도 부동산전문가가 십 년 넘게 발로 뛰어 실제로 이루어낸 성과를 정리한 것이다.

서울부동산칼리지 유영수 원장과의 인연은 두 해 전쯤 시작되었다. 부동산 공부를 하면 가족을 부양하기에도 벅찬 어려운 생활에서 탈출할 수 있을 것이라는 기대 때문이었다. 지금도 그렇지만 과다한 대출을 끼고 마련한 아파트로 인해 이자 갚기에도 벅찬 하우스푸어 생활을 하고 있던 때였다. 어떻게 하면 부담스럽기 짝이 없는 은행 이자를 조금이라도 줄여볼까 고심하던 끝에 이름과 고향이 비슷해 친근감이 들던 유 원장을 찾아갔다. 그는 두 달에 한 번씩 등산화 밑창이 닳아 없어질 정도로 현장을 누비는 성실함으로 똘똘 뭉쳐있었다.

여기에 주말과 휴일에도 좋은 물건이 있으면 전국 어디든지 뛰어가야만 직성이 풀리는 열혈남인 동시에 자산의 내재가치를 잘 파악하는 능력까지 겸비하고 있었다. 전문가를 자처하며 눈앞에 지형도를 펼쳐놓고 칠판 앞에서 어려운 민법 구절을 동원해 경매물건을 설명하는 흔한 부동산 전문가들과는 전혀 다른 분류의 사람이었다.

스무 해가 넘도록 신문기자라는 이름으로 살면서 누구보다 바쁜 하루하루를 보내는 본인이 보기에도, 유 원장의 부지런함은 경이로움에 가까운 것이었다.

이 책은 유영수 원장이 발품을 팔아 터득한 고혈과도 같은 경험의 산물이라고 할 수 있다. 예비독자들에게 부자가 되기 위해 이 책을 읽으라고 권하고 싶지는 않다. 다만, 정보의 비대칭성이 상대적으로 덜한 경매물건에 눈을 돌려보기를 청하고 싶다.

  이 책을 접하는 사람들에게 "성공했다고 해서 행복해지는 것이 아니라, 오히려 행복하게 사는 것이 성공한 인생이다"는 말을 꼭 전하고 싶다. 이 책을 보는 모든 사람이 행복하게 살면서 성공하길 바란다.

류영현
(세계일보 디지털뉴스국장, 「공부도 하는 주말 가족여행」 저자)

들어가며

외로운 뚜벅이

경매를 시작하던 2000년 무렵부터 나는 하염없이 걷는 뚜벅이였고, 여전히 그 사실은 변함이 없다. 나는 걷는 것을 좋아한다. 아니, 좋아하게 되었다는 표현이 더 적절할 듯싶다.

언론에서 어디에 역이 생긴다, 고속도로가 개통예정이다, 관공서가 들어온다, 산업단지가 형성된다는 개발 호재를 발표할 때가 있다. 그러면 이른바 부동산전문가라는 사람들이 이를 근거로 투자 유망지역을 꼽아낸다.

하지만 개인적으로 이런 말들은 참고로만 삼을 뿐 큰 의미를 두지 않고 있다. 책상 위에서 데이터만 가시고 분석한 이런 정보에는 믿음이 가지 않기 때문이다.

현장으로 가 발품을 팔아보지도 않고 그래프나 숫자로만 펼치는 이론, 적어도 부동산 시장에서는 통하지 않는다. 부동산은 살아있는 생물과 같아서 아무리 온갖 통계자료를 놓고 예견한다 하더라도 한계가 있다. 건물이나 땅이 있는 곳으로 직접 가 두루두루 물어보고 둘러 본 사람이 실행한 투자는 그 선택도 투자 결과도 사뭇 다르다. 그것이 바로 '이론을 위한 이론'으로 무장한 이론가와 매일 몸으로 직접 부딪히는 실전투자자의 차이다.

현장조사를 나갈 때 지키는 철칙이 하나 있는데, 바로 '승용차를 타지 않는다'는 것이다. 지하철과 버스만 타고 여기저기 다닌다. 대중교통과 두 다리에 의지하고 돌아다니면 승용차에 편안히 올라탔을 때 보이지 않던 많은 것들이 보인다. 교통은 편리한지, 살기에 불편하지는 않은지, 편의시설은 잘 되어 있는지, 학군은 좋은지, 관공서는 어디인지, 혐오시설은 없는지….

그래서 일부러 걸어서 출퇴근할 때도 있다. 늘 걷던 길에서 한 골목 벗어나거나 빙빙 둘러 목적지로 가다 보면 뜻하지 않게 보석 같은 좋은 입지를 발견할 때도 있다. 게다가 이런 곳은 대개 남들 눈에 아직 띄지 않은 장소들이다.

운명을 바꾸는 긍정

경매의 세계에 몸을 담고 있다가 우연한 기회에 관련 강의까지 한지 벌써 7년째다. 그동안 수많은 제자와 인연을 맺고 성장 과정을 지켜본 기억을 돌아보면 많은 생각이 스친다. 꾸준히 자기 자신을 단련하는 이들이 있는가 하면, 경매에 막연한 환상만 품고 와서는 제풀에 지쳐 나가는 사람들도 있다. 실로 수많은 인간 군상들을 감상한 시간이기도 했다.

인연이 된 제자들이 '성공'이라는 문턱에 드디어 발을 얹는 모습을 지켜볼 때 가장 큰 보람을 느낀다.

그 사람들에게는 하나의 공통점이 있는데, 진부하게 들릴지도 모르지만 바로 '긍정적인 사고방식'이다. 조금 어렵다고 중간에 주저앉거나, 왜 나한테만 이런 어려움이 생기느냐며 남 탓을 일삼는 이들에게 좀처럼 성공이 찾아오지 않았다. 객관적으로는 더 어려운 상황에 부닥쳐있는데도 삶을 비관하지 않고 '이번 어려움을 극복하면 좀 더 나은 미래가 열리겠지.' 하며 묵묵히 견디며 노력하는 이들에게 찾아가는 것이다.

긍정이 운명까지 바꾼다는 말은 결코 과장이 아니다. 사람들이 매일 꾸려가는 작은 일상에서부터 변화를 일으키면서 결국 파장 전체를 바꾸어 성공으로 이끄는 게 아닐까?

세상 이치는 내 뜻대로만 돌아가지도 않고 좋은 일만 일어나지도 않는다. 경매도 마찬가지다. 많은 어려움이 있을 것이고 문득 회의가 몰려와 힘들기도 하다. 그때보다 비관보다는 긍정적인 마음가짐으로 하나씩 넘어가자. 마음의 근육이 단련되어 언젠가는 흔들리지 않는 자신을 발견하게 되리라.

함부로 인연을 맺지마라

법정 스님의 〈함부로 인연을 맺지 마라〉라는 글이 있다. 헤프게 인연을 맺어 놓으면 제대로 된 인연 대신 어설픈 인연만 만나게 되며 그런 사람들로 인해 삶이 침해되는 고통을 받아야 한다는 내용이다.

자기 혼자만 잘해서 성공하기란 하늘의 별 따기만큼이나 힘들다. 사회적인 위치가 올라갈수록 인맥의 중요성을 절감하게 되는데, 어떤 성공을 이룰 때마다 그 절반은 좋은 사람들과의 인연 덕이라 해도 과언이 아니다.

그렇다면 어떻게 해야 좋은 인연을 맺을 수 있을까? 스스로 찾아낸 해답은 '자신이 먼저 좋은 인연을 맺을 준비가 되어 있어야 한다'였다. 무턱대고 득을 볼 수 있는 사람, 자신보다 훌륭한 사람이 먼저 손을 내밀어 주기를 바라지는 말자. 진심과 품성을 가꾸다 보면 서로 도움을 줄 수 있는 인연이 반드시 나타나게 되어 있다. 부디 진실 없는 사람에게 진실을 쏟아 붓지 말고 진정한 인연을 만들라며 늘 강조하고 있다. 풍성한 삶을 만들기 위해 빼놓을 수 없는 부분이어서다.

나눔을 이어가는 경매

미약하기는 하지만 그동안 쌓아온 경매 지식을 아낌없이 나누다 보면 절박한 사정을 안고 찾아온 제자들이 다시 희망을 되찾는 모습을 자주 본다. 이들이 보여주는 삶의 변화나 밝은 미소는, 그야말로 내게 생각지도 못한 선물이었다. 단순히 경매를 돈벌이 수단이라고 생각하거나 재테크만 가르치려 했다면 만나지 못할 보람이었다.

전작인 「나는 경매로 월세 2천만 원 받는다」 이후 두 번째 책을 발간하게 된 계기도 그러하다. 어쨌거나 부동산 경매는 누구보다 잘할 수 있는 분야이고, 이것을 잘 나누어 모두 함께 잘 살 수 있다면 만족한다는 마음이었다. 이 한 권으로 경매를 100% 이해할 수는 없겠지만 처음 발을 들이는 이들에게 작은 동기 부여는 되리라 생각한다. 조금 더 바라자면, 이미 경매투자를 하고는 있지만 길을 잃었거나 조금 다른 시각으로 접근하고 싶은 이들에게도 도움이 되었으면 한다.

편안한 차 안에 몸을 실은 채 차창 밖으로 지나가는 사람들을 보면 풍경 일부로만 여겨진다. 하지만 사람들을 그대로 느끼고 싶고, 그 사람들이 딛고 선 땅이나 사는 집도 눈높이에서 바라보길 원한다.

결국, 나는 오늘도 뚜벅이다.

제주도에 내 땅이 생긴다고?

PART 1

- 바다가 주는 부동산의 가치 : 최고의 놀이터이자 관광자원 | 18
- 바닷가 빈 집을 노려라 : 버려진 집들에 잠재된 가치에 주목하자 | 20
- 시작은 무의도부터! : 개발 계획으로 주목받는 섬 | 23
- 왜 제주도인가 : 해저 고속철도로 더욱 가까워진다 | 28
- 서귀포 땅, 포착되다 : 권리분석은 다각도로 접근할 것 | 31
- 횟집에서 만난 귀인 : 현지인의 정보는 늘 귀중하다 | 36
- 셜록 홈즈와 커피 한 잔? : 물건의 용도 확인은 반드시 | 42
- 경매 당일, 위험한 초보를 만나다 : 무턱대고 남에게 맡긴 경매는 위험 | 44
- 아쉬운 후퇴 : 시세보다 비싼 낙찰가는 의미가 없다 | 49

19억 짜리 상가를 2억에!

PART 2

- 카리스마 제자의 재등장 : 스스로 물건 찾는 눈을 기르자 | 58
- 복잡한 물건은 경매본능을 자극한다 : 골치 아파 보여도 섣불리 포기 않는다 | 61
- 풀 죽은 상권 주안역 : 좋은 상권 나쁜 상권이 팔답 기준 | 73
- 라면으로 시작한 정보수집 : 토박이들은 모든 걸 알고 있다 | 77
- 진짜 유치권일까? : 모든 유치권이 허위는 아니다 | 81
- 오늘의 지원군은 통닭과 소주 : 하나씩 밝혀지는 유치권의 비밀 | 83
- 유치권 확인사살 : 요구하기 전에 사람의 마음부터 열어라 | 87
- 밀린 관리비가 6,500만 원이라고? : 간과하기 쉬운 함정, 밀린 공과금 | 91
- 드디어 낙찰이다!! : 낙찰 후에도 할 일이 많다 | 96
- 껄끄러운 관리소장 : 누구나 나를 도와주지는 않는다 | 99
- 단칼에 물리친 허위 유치권자 : 지식은 언제나 힘이 된다 | 103
- 협상 전, 상대부터 파악하라 : 무조건 법만 앞세우지 말라 | 107
- 변호사와 협상테이블에 : 때로는 강하게 밀어붙여도 좋다 | 110
- 내용증명의 힘 : 6,500만 원이 2,500만 원으로 | 114
- 화기애애 사우나 : 모두가 영업재개를 기다린다 | 143
- 대단원을 장식한 전기요금 : 행정이 막힐 때는 차근차근 설명하자 | 145

Contents

나 혼자 잘 살면 무슨 재미?

PART 3

- 천하태평 셋방살이, 노후대책은? : 안이한 생각으로 미래를 맞는 사람들 | 162
- 원장님, 집 좀 구해주세요 : 불안한 월세살이에서 벗어나자 | 166
- 구하라, 그러면 얻으리라 : 집을 구할 때는 역시 발품 | 169
- 도와주는 사람만 애가 타는구나 : 가진 돈은 적고 대출은 부족하고 | 172
- 재무상담의 힘 : 미래를 밝히는 재정설계 | 175
- 또 하나의 함정, 대위변제 : 권리분석을 할 수 있는 안목을 키우자 | 177

피할 수 없는 최종단계, 명도

PART 4

- 의문의 여인, 당신은 누구? : 역시 명도가 쉽지는 않다 | 192
- 이건 선의의 거짓말이야 : 졸지에 법무사가 되다 | 197
- The Negotiator : 부동산 경매세계의 협상전문가 | 200
- 집주인을 설득하다 : 상대방 입장에도 서보도록 하자 | 204
- 아카데미 남우주연상 & 여우조연상 : 내가 원하는 조건을 확실히 파악한다 | 207
- 고백의 순간 : 윈윈(win-win) 정신을 잊지 말 것 | 211
- 오랜만에 만난 악질 소유자(?) : 강제집행은 최후의 수단 | 215
- 우리 그렇게 나쁜 사람 아닙니다 : 버티는 사람들도 이유는 있다 | 218
- 응어리가 풀리는 이삿날 : 사람 대 사람으로 만나자 | 222

"남들이 다니지 않는
곳에 길을 만들어라"

PART 1

제주도에 내 땅이 생긴다고?

바다가 주는 부동산의 가치
바닷가 빈 집을 노려라
시작은 무의도부터다!
왜 제주도인가
서귀포 땅, 포착되다
횟집에서 만난 귀인
셜록 홈즈와 커피 한 잔?
경매 당일, 위험한 초보를 만나다
아쉬운 후퇴

Scene 01 바다가 주는 부동산의 가치

;최고의 놀이터이자 관광자원

경매 강의를 할 때마다 학생들에게 귀가 아프도록 되풀이하는 이야기가 있다.

"바다나 강이 보이는 땅에 관심을 가지세요!"

여행이나 휴가를 가더라도 바닷가의 모래사장이나 해변의 여인들(?)만 쳐다보지 말고 주변 땅을 둘러보라고 덧붙이기도 한다. 이렇게 역설하는 데는 나름대로 이유가 있다.

사람들은 좀 살 만하면 '어떻게 하면 재미있게, 잘 놀까?' 하는 궁리부터 하기 마련이다. 한국도 꾸준히 경제 선진국 대열로 진입하는 추세고, 국민소득과 소비 수준은 점점 올라가고 있다.

미국이나 유럽에서 즐기는 여가 생활이 조만간 우리에게도 낯설지 않게 다가올 것이다. 그러면 선진국들의 레포츠 산업 경향은 어떨까? 소위 '잘 산다'는 나라 사람들일수록 몸 편한 운동보다는 몸을 괴롭히는 운동에 심취하고 있다. 골프보다는 '익스트림 스포츠$^{\text{extreme sport}}$', 즉 극한 스포츠인 것이다.

이들은 바다나 강에서 유유자적하게 수상스키나 요트를 타는 정도로는 무척 지루해한다. 가파른 계곡과 물살 변덕스러운 강의 급류 정도는 타줘야 한다. 스키를 탈 때도 마찬가지다. 사실 스키는 그 자체만으로도 부상 위험이 적지 않은 겨울스포츠지만 이런 익스트림 스포츠 애호가들은 늘 '더 짜릿하게, 더 위험하게!' 를 외친다. 스케이트보드와 스노보드를 접목한 플로랩$^{\text{Flow lab}}$이 그 예다. 거리에서도 일반 보드에 모터를 달아 내달리는 모터보드와 휠맨$^{\text{Wheel man}}$ 등을 즐기는 동호인들을 심심찮게 찾아볼 수 있다. 이미 도전적인 레포츠^{leports}는 부정할 수 없는 트렌드이며, 해마다 즐기는 이들이 폭발적으로 늘어나고 있다. 이들에게 바다와 강은 최고의 놀이터나 다름없다.

게다가 이제 주5일 근무가 완전히 자리 잡지 않았는가. 주말만 손꼽아 기다리다 가족들과 함께 훌쩍 짧은 여행을 떠나는 경우가 많아졌다. 고속철도 KTX의 개통과 자동차로 못 가는 곳이 없게끔 뻗어 있는 도로. 이제는 아무리 뚝 떨어져 있는 외딴 섬이라도 당일치기로 다녀올 수 있게 되었다. 불과 십여 년 전만 해도 "응? 그런 섬이 있나? 사람은 살아?"하고 되물을 만큼 어떤 교통수단도 없던 곳 말이다.

이런 섬들은 육지와 거리상으로 얼마나 멀리 떨어져 있는지의 시점에서만 생각하면 곤란하다. 중요한 점은 물리적 거리가 아니다. 시간상으로 얼마나 빨리 가 닿을 수 있는지를 따지는 시간 거리가 섬의 가치를 결정한다. 그리고 그 점이 재테크에 있어 판단 기준이 된다.

Scene 02 바닷가 빈집을 노려라

;버려진 집들에 잠재된 가치에 주목하자

그럼 바닷가나 섬에 가서 특히 눈여겨봐야 할 점은 무엇이 있을까? 나는 그 질문에 가장 먼저 '빈집'이라고 대답하고 싶다. 농촌 어촌 할 것 없이 젊은 사람들은 틈만 나면 도시로 빠져나가려 하고, 마을에는 나이가 든 어르신들만 남아 있는 경우가 허다하다. 그러다가 이분들이 돌아가시면 바닷가 마을 집들은 짠 바닷바람을 쐬며 하루가 다르게 폐가처럼 되어간다. 아무도 관리를 하지 않기 때문이다.

고향이 싫어서, 혹은 바닷가에서 고기 잡으며 살기가 팍팍해서 집을 떠난 자식들에게 이 집들은 한마디로 골칫덩어리다. 다시 돌아와서 살지도 않을 텐데…세를 놓기엔 집 상태가 험악하기 일쑤인 데다 심지어 야금야금 세금까지 떼인다. 이럴 때 누가 돈 몇 푼 쥐여주면서 "그 빈집 좀 파시지요?" 하면 얼씨구나 하고 파는 경우가 다반사다. 어쩌면 뒤돌아서 "하이고, 딱한 양반. 그 집을 뭐에 쓰려고? 쯔쯔…" 하면서 혀를 찰지도 모

* 실제로 가보면 훨씬 아름다운, 드넓은 바다가 코앞이다

른다. 그러나 천만에, 혀를 찰 사람은 이쪽이다. 이 빈집이 가진 어마어마한 부동산 내재가치를 모르다니.

  부모님이 돌아가신 후 상속받은 어촌의 이런 부동산들은, 사업 실패나 카드빚을 제때 못 갚은 자식들 탓에 종종 경매나 공매로 나온다. 이런 기회를 잘 잡아 구매하면 시세보다 훨씬 저렴한 가격으로 바닷가 땅을 얻을 수 있다. 눈앞에 바다가 파노라마처럼 펼쳐지는 해변의 저택을 짓는 일도 꿈이 아니다. 내 땅이니까!

  아무리 그래도 부동산 구매란 금액 면으로나 심적으로 부담이 가는 일이다. 혼자 진행하기 겁난다면 형제자매들이 십시일반으로 자금을 모아 투자하는 방법이 있다. 공동명의로 구매한 후 그곳에서 짙푸른 바다를 내려다보면서 펼치는 가족 바비큐 파티를 상상해 보자. 베란다에서 고기 한 번 구워먹으려 해도 눈치가 뵈는 도시의 아파트 생활에 어찌 비하겠는가? 거금을 주고 회원에 가입해도 휴가철만 되면 뺑뺑이를 돌려 추첨으로 방을 받아야 하는 치사한 콘도도 이제 끝이다. 웬만한 펜션보다 저렴하게 휴가를 보내게 된다.

　잠깐, 아직 끝나지 않았다. 시간이 지나면 땅값이 올라 재산증식 효과까지 있으니 이것이 바로 일석이조라 하겠다.

　가장 저렴한 경우는 대지 54평짜리 주택으로, 평당 7만 원인 378만 원에 살 수 있었다. 또 다른 학생은 빈집을 헐고 바다가 내려다보이는 근사한 해변주택을 짓기도 했다.

Scene 03 시작은 무의도부터다!

;개발 계획으로 주목받는 섬

섬들에 대한 관심을 계속 마음에 품고 있다가 가보기로 한 곳이 무의도다.

영종도에서 배를 타고 들어가면 초입부터 탁 트인 전망이 펼쳐지는 아름다운 곳이지만, 여기도 어김없이 폐허에 가까운 마을이 존재했다.

동행한 학생들에게 또 이야기를 시작한다.

"빈집 보이지요? 저런 부동산이 경매나 공매로 나오면 서둘러 사야 합니다!"

학생들은 고개를 끄덕이며 열심히 메모한다.

"경매에 나오지 않더라도 사세요."

이 말이 떨어지자마자 여러 눈동자가 끔뻑대며 내 쪽을 향한다.

'나오지도 않은 물건을 어떻게 사나요.'

하는 말이 그대로 쓰여 있는 얼굴이다.

* 어촌 지역의 아무도 돌보지 않는 빈집

"저런 집이 눈에 띄면 일단 등기부를 열람해보세요. 그리고 소유주를 만나봐야지요. 직접 만나기가 어색하면 그 동네에서 가장 오래 사신 분이나 이장님 같은 분에게 사례를 좀 하면서 슬쩍 부탁해도 좋고요."

이렇게까지 적극적으로 나가다 보면 한번쯤은 빈집을 처리하고 싶은 사람을 만나기 마련이다.

내가 이렇게까지 강조를 하는 이유가 있다.

→ 재테크에 관심 있는 분들은 찾아 보세요

국토개발계획중 하나인 〈인천광역시 2020년 기본계획〉에 무의도도 포함되어 있기 때문이다. 금호그룹이 이곳에 마리나 리조트를 건설하면서 영종도와 무의도를 연결하는 다리를 놓는 것이다.

소무의도로 들어서는 길에 있는 해수욕장만 해도 수도권 주민들이 자주 찾는 영종도 을왕리해수욕장보다 훨씬 아름답고 물이 맑다. 하지만 육지와 이어주는 다리가 없다 보니 배를 타고 이동해야 해서 아무래도

* 주민들이 연육교 건설 확정을 축하하며 내건 현수막

번거롭다. 단지 그 이유 때문에 주변 부동산 시세가 현저히 낮았던 게 현실이다. 그런데 다리가 놓인다면? 그 즉시 사람들이 물밀 듯이 찾아오게 되지 않을까 싶다. 부동산 가격도 을왕리해수욕장 주변과 맞먹을 정도로 치솟으리라 확신한다.

나의 강력한 권유 때문인지 학생들 중 몇 명이 헐값에 폐가를 구입했다. 물론 조금 오래된 이야기라 최근 시세와는 좀 다르지만, 가장 저렴하게 구입한 경우를 보면 1제곱미터(m^2)당 3만 원에 불과했다. 대지 $163m^2$(약49평)짜리 주택이었던 것으로 기억한다. 또 다른 학생은 빈집을 헐고 바다가 내려다보이는 근사한 해변주택을 짓기도 했다.

결국 무의도 연육교 건설은 확정이 되었고, 이 지역 땅값은 하늘 높은 줄 모르고 오르고 있다. 알고 보면 이렇게 뛰어난 바다 경치를 누릴 수 있는 섬은 그다지 많지 않다. 최근 경기가 좋지 않아 일부 계획들이 수정이 되긴 했지만 영종도 계획도 이 지역에 스포트라이트를 비추어 줄 것이다. 단지 시간문제일 뿐이지 이 지역의 개발계획이 실행된다는 사실에는 변함이 없으리라 본다.

BOX 1

농어촌 폐가를 구매? 이것만은 주의하자!

아무리 폐가라도 '주택'
서울에 아파트 한 채를 소유하고 있는 A씨는 얼마 전, 노후에 거주할 목적으로 지방에 있는 조그만 밭과 그에 딸린 농가주택 하나를 구매했다. 취득할 당시만 해도 몇 년간 아무도 돌보지 않은 완전한 폐가였고, 당연히 A씨도 이를 딱히 '집'이라고는 생각지 않았다. 그러나 얼마 후 이 농가주택 때문에 큰 낭패를 보고 말았다.
살던 아파트를 팔고 이사를 준비하는데, 갑자기 '1세대 2주택자'라는 이유로 수천만 원의 양도소득세가 부과된 것이다. 여기에서 2번째 주택이란 바로 이 폐가였다.
사람이 살 수도 없는 곳인데 건축물관리대장과 등기부 등본에 주택으로 등재되어 있다는 사실만으로 거액의 세금을 내야 한다니, A씨는 억울해서 잠도 오지 않았다.

과연, 세금을 피해 갈 방법은 없을까?
농가주택을 새로 고쳐 지을 예정이거나 세금을 고스란히 감수할 예정이라면 어쩔 수 없다. 하지만 세금을 피하려면 일단 농가주택을 없앤 다음 건축물관리대장 등의 공적인 장부들을 정리해 두어야 한다. 이를 줄여서 '공부'라 하는데, 이 공부를 정리해 두면 거주하고 있는 주택을 양도하더라도 아무 문제 없이 1세대 1주택 비과세 적용을 받는다. 반대로 미리 정리하고 준비하지 않은 A씨 같은 경우, 과세당국의 세금폭탄을 피하기 어렵다.
현행 소득세법에 따르면 A씨 같이 공부상 2개의 주택을 소유하고 있는 자가 주택 하나를 양도하게 되면 일단 양도소득세 과세대상이다. 양도소득세는 실질에 따라 과세하는데, 그중 1주택이 폐가 상태에 있는 등 주택의 기능을 하지 못한다면 나머지 1주택을 양도하는 경우 비과세 적용을 받을 수 있다.

주택의 기능을 입증하기 어려워
하지만 '주택의 기능을 하지 못한다'는 사실을 인정받기가 그리 쉽지 않다는 것이 문제다. 아파트 양도 당시 농가주택이 완연한 폐가였음을 누가 보더라도 인정할 수 있게 입증해야 하기 때문이다. 당연히 객관적인 증빙 자료는 필수다. 아무런 자료 준비 없이 손 놓고 있다가 고지서를 받고 난 다음 그때야 자료를 챙기면 너무 늦다. 꼼꼼한 사전 준비가 필요하다.

Scene **04** 왜
제주도인가

;해저 고속철도로 더욱 가까워진다

우리나라 섬 가운데 부동산 투자 관점에서 가장 보석 같은 곳은 누가 뭐래도 제주도다. 제주도에 가본 사람이라면 모두 알겠지만, 비행기로 가면 한 시간 남짓밖에 걸리지 않을 만큼 가까운 데도 완전히 다른 나라에 온 듯한 느낌을 주고는 한다.
출발할 때는 '이틀만 있다 와야지.' 하며 짐을 챙기지만 가서 돌아다니다 보면 늘 하루가 아쉬운 장소이기도 하다.

하지만 관광명소로서의 제주도가 늘 승승장구하지만은 않는다. 무엇보다 부담스러운 비행기 푯값이 문제다. 아무리 저가 항공사들이 속속 등장한다 해도 제주도를 비행기로 왕복하려면 일 인당 십만 원 가까운 지출이 생긴다. 성수기는 그 값도 배로 뛰다 보니 이쯤 되면 많은 사람은 생각을 달리하게 된다.

"차라리 해외여행을 하겠다!" 하고 외치면서 가방을 싸는 것이다. 가까운 일본 도쿄나 중국 상하이, 타이완의 경우 왕복항공권 가격이 이삼십만 원대에서 해결할 수 있으니, 충분히 고려해볼 만한 선택이다. 그렇지만 제주도까지 더 저렴하고 확실한 교통수단이 확보된다면 어떨까?

여기서도 국토해양부의 계획이 해답을 준다. <u>개발계획에 따르면 국토부는 2022년 개통을 목표로 호남과 제주를 잇는 해저 고속철도를 만든다.</u> 바다 밑을 통과해 제주도까지 간다는 이색적인 경험은 물론이고, 서울 용산에서 제주도까지 기차로 2시간 30분에 주파하는 만큼 시간과 비용 모두 절약된다.

부동산 투자 시점으로 봐도 이 철도 개통은 중요한 의미를 지닌다.

"여행하기야 물론 편하겠지만, 부동산 가치와 상관이 있나요?"

천만의 말씀이다! 요즘 도시인들의 로망 중 하나인 전원주택을 예로 들어볼까?

흔히들 떠올리는 서울 근교의 전원주택지인 양평, 그것도 한강이 내려다보이는 곳에 땅을 산다고 치자. 땅값만 해도 평당 100만원이 넘는다. 농담 반 진담 반으로 말하자면, 땅을 사고 나면 집 지을 돈은 남지 않을 수도 있다. 게다가 기껏 지어놨더니 주말에 한번 다녀오려면 엄청나게 차가 밀리는 상황을 매번 당해야 한다. 실제로 양평에서 서울로 올라오는 주말의 도로는 주차장을 방불케 한다.

그러나 고속철도를 이용해 제주도에 간다면 교통정체 걱정은 전혀 없다. 조망권이나 풍경도 양평에서 보는 남한강이나 북한강에 비할 바가 못 되게 아름답다. 가장 중요한 땅값도 양평의 반 토막이다. 게다가 그

땅값은 앞으로 계속 오를 터이다.

가격도 훨씬 비싸고 강이 '슬쩍' 보이는 교통정체 지역에 전원주택을 짓고 싶은가, 아니면 탁 트인 바다가 눈앞에 펼쳐지는 제주에 짓고 싶은가. 이쯤 되면 어느 쪽이 부동산 투자처로도 가치가 있을지 명확하지 않은가?

Scene 05 서귀포 땅 포착되다

;권리분석은 다각도로 접근할 것

그렇게 제주도를 레이더망에 놓아두고 주시하던 어느 날, 서귀포시 대지면적 489㎡(147.9평)의 건물이 경매에 나왔다.

소재지	제주특별자치도 서귀포시 ▨▨읍 ▨▨리 ▨-13							
물건종별	주택	감정가	36,874,150원	오늘조회: 1 2주누적: 1 2주평균: 0				
				구분	입찰기일	최저매각가격	결과	
토지면적	489㎡(147.922평)	최저가	(70%) 25,812,000원	1차	▨▨-01-17	36,874,150원	유찰	
건물면적	62.14㎡(18.797평)	보증금	(10%) 2,590,000원	2차	▨▨-02-21	25,812,000원		
매각물건	토지전부, 건물지분	소유자	▨▨▨	낙찰: 37,888,888원 (102.75%)				
개시결정	▨▨▨▨	채무자	▨▨▨▨▨▨▨	(입찰9명,낙찰:▨▨▨ / 2등입찰가 33,100,000원)				
				매각결정기일 : ▨▨.02.28 - 매각허가결정				
				대금지급기한 : ▨▨.03.29				
사건명	임의경매	채권자	▨▨▨▨▨▨▨	대금납부 ▨▨.03.29 / 배당기일 ▨▨.04.29				
				배당종결 ▨▨.04.29				

지도를 찾아보니 포구 근처였다. 입버릇처럼 '제주도의 바다가 내려다보이는 곳에 집을 짓고 싶다'고 말하던 지인 김 원장이 가장 먼저 생각났다.

그런데 권리분석을 해보니 특이한 점이 하나 있었다. 토지는 전부 경매로 나왔는데 건물은 반쪽만 매각하는 조건이었다. 따로 건물등기부를 열람해 보니 걱정할 부분은 없었는데, 워낙 담보대출이 많아 건물의 나머지 부분도 조만간 경매로 나올 듯해서였다. 일단은 이번에 물건을 낙찰받고, 나머지 반쪽은 다음 경매에서 '공유자우선매수신청'을 하면 수월하게 받을 수 있을 것 같았다. 결국, 권리분석 결과는 꽤 긍정적이었다. 김 원장에게 연락해 물건에 대해 설명을 했더니 꼭 입찰하겠다며 기뻐했다.

건물등기부 (채권액합계 : 390,000,000원)						
No	접수	권리종류	권리자	채권금액	비고	소멸여부
1	2006.12.05	지분전부이전			매매, 지분 1/2, 거래가액 금5,500,000원	
2	2006.09.26	지분전부근저당	하나은행	390,000,000원	말소기준등기 연주로지점	소멸
3	2010.09.20	지분임의경매	하나은행	청구금액: 312,784,929원	2010타경12649	소멸

토지등기부 (채권액합계 : 464,000,000원)						
No	접수	권리종류	권리자	채권금액	비고	매각여부
1	2004.07.14	가기가	무기업행 (남역삼동지점)	24,000,000원	말소기준등기	소멸
2	2004.07.14	근저당		50,000,000원		소멸
3	2006.06.13	공유자전원지분전부이전			매매, 거래가액 금23,500,000원	
4	2009.09.04	압류	서울특별시송파구			소멸
5	2006.09.26	근저당	하나은행	390,000,000원		소멸
6	2010.09.20	임의경매	하나은행	청구금액: 312,784,929원		소멸
등기부 분석	건물 전체면적 중 지분 1/2 매각주의					

그러나 책상 앞에 앉아 끝내는 권리분석만으로는 충분하지 않다. 아무튼 김 원장의 목표는 이 땅에 '건물을 짓는 것'이므로 그 과정에 대한 꼼꼼한 점검도 필요했다. 현재 서 있는 건물을 철거하고 신축한다면 공법상 하자가 없을지도 확인해야 한다. 건축사무소를 운영하고 있는 제자 홍 건축사에게 연락해 가설계를 부탁했다.

"여기는 건폐율 30%에 근린생활은 3층, 일반주택은 5층까지 신축할 수 있겠습니다."

이러한 확인은 굳이 경매가 아니더라도 토지를 구매할 때 반드시 거쳐야 하는 과정이다. 아무리 시세보다 싸게 땅을 산들, 자신이 원하는 쓰임새대로 꾸밀 수 없다면 아무 소용이 없으니 말이다. 원하는 건물 모양, 층수, 용도까지 머릿속에 확실히 그림을 그린 후 전문가의 조언을 받아야 한다.

명쾌한 홍 건축사의 조언과 답변에 힘입어, 서귀포 물건을 낙찰받으면 원하는 대로 건물을 짓거나 쓸 수 있다는 판단을 내렸다. 응찰을 결심하고 현장을 둘러보기 위해 김 원장과 함께 제주도를 향해 출발했다.

전문 분야 인맥이 자산이다

사람들은 살아가면서 부의 척도를 '얼마나 많은 자산을 가지고 있는가'로 가늠한다. 하지만 요즘처럼 다양성이 부각되는 현대사회에서는 그에 못지않게 중요한 기준이 있다. 바로 '여러 분야의 전문가를 얼마나 많이 알고 있는가'다.

출근길에 가벼운 교통사고를 냈다고 상상해보자. 차에서 내려 상대방과 실랑이하고, 보험사 직원을 만나고, 조사를 받는답시고 경찰서에 그날 하루는 아무 일도 못한 채 허공에 날리기 일쑤다. 만약 초보운전자이거나 처음 당하는 사고라서 당황하기라도 하면 덤터기를 쓸 수도 있다.
우왕좌왕하다 적절한 해결 방법을 놓치게 되는 것이다. 하지만 이럴 때 잘 아는 변호사가 있다면 훨씬 일이 쉬워진다.

"김 변호사님, 교통사고 수습 때문에 전화 드렸습니다."
"이런, 제가 바로 가겠습니다. 걱정 마세요."

순간적으로 마음도 든든하고, 상대방과 경찰관에게는 변호사를 대리인으로 소개하면서 자리를 떠도 된다. 하루 종일 잡혀 있는 중요한 업무를 포기할 필요도 없고, 내가 직접 현장에 지키고 있을 때보다 효율적으로 해결이 될 것이다. 전문가 인맥은 이처럼 편리함과 효율성을 안겨주는 선물이다.

누구든 살면서 한두 번쯤은 부동산 거래를 해야 한다. 재테크나 투자에 관심이 있든 없든 큰 금액이 오가는 이 과정을 피할 수는 없다. 그런데 공인중개사무실에 가면 보통 중개사들은 대상 부동산에 대해 장점 위주로만 설명을 시도한다. 우리에게 그 부동산을 파는 것이 그들의 목적이자 수익구조이기 때문이다. 듣기 좋은 말에 혹한 나머지 소중한 자신의 자산을 날리는 경우도 적지 않게 보인다. 그러나 언제든 부동산의 장단점을 정확하게 분석해 줄 부동산 전문가를 알고 있다면? 결과는 전혀 달라진다.

누구든 자신의 분야에서 전문적인 지식을 갖추도록 노력하되, 다른 분야의 전문인들과 인연을 맺는 일도 소홀히 하지 않았으면 한다. 그건 정말로 수치화할 수 없는 커다란 자산이다.

Scene **05** 횟집에서
만난 귀인

;현지인의 정보는 늘 귀중하다

경매물건은 제주 공항에서 차로 한 시간 남짓 달리면 닿는 위치에 있었다.

* 제주공항에서 경매물건까지의 이동경로 　　　　　ⓒ 지도 네이버 캡쳐

마음이 급해서 아침도 먹지 않고 서울을 떴더니 도착하자마자 식당부터 기웃거리며 찾게 되었다. 마침 근처에 횟집이 보이기에 들어가 물회를 허겁지겁 먹고 있는데, 건너편 테이블에서 어떤 중년남성이 물끄러미 바라본다. 우리가 어지간히 맛있게 먹었나 보다.

*오른편 아래가 태흥3리 어촌계장님

"하하, 여행 오셨나 보지요?"

"네. 서울에서 왔습니다."

"그러십니까."

"간판을 보니 어촌계식당이라고 적혀 있던데…혹시 좋은 횟감 좀 구할 수 있을까요? 저녁에 다시 들를게요."

"제가 여기 태흥리 어촌계장입니다."

나는 얼른 자세를 고쳐 잡고, "아, 그러시군요! 안녕하세요, 계장님." 하며 인사를 건넸다.

* 태흥3리 어촌계식당에서 바라본 풍경

"반갑습니다. 그런데 어쩌죠? 오늘은 물때가 별로 좋지 않아 좋은 횟감이 없어요."

아쉽기는 하지만 지금 횟감이 문제가 아니었다. 머릿속에 꽉 찬 경매물건에 대해 물어볼 요량으로 화제를 얼른 돌렸다.

"풍광이 참 좋네요. 이런 곳에 사시니 얼마나 좋으십니까?"

"경치 하나는 기가 막히지요. 전 이곳에서 태어나 한 번도 고향을 떠나 본 적이 없습니다."

계장의 얼굴에서 자랑스러움이 묻어났다. 고향에서 태어나 자란다는 건 어찌 보면 큰 행복이다.

"저도 시골 출신이다 보니 이제나저제나 답답한 도시생활을 접고 싶은 마음입니다. 바다가 보이는 곳에 살고 싶던 차에 경매로 좋은 물건이 나왔기에 와봤습니다."

* 경매물건을 정면에서 찍은 사진

"그러셨군요."

계장은 더는 우릴 경계하지 않고 전형적인 시골 사람의 순박한 호기심을 보였다. 분위기가 좋아진 틈을 타 재빨리 경매잡지를 내밀며 물었다.

"계장님, 이 물건인데…혹시 어디인지 아십니까?"

잠시 책자를 들여다보던 계장은 조금 놀란 눈치다.

"어? 여기는 우리 앞집 김씨네인데…. 사업이 어렵다더니 결국 경매로 나왔군요."

"죄송하지만 시간 되시면 어떻게 가는지 좀 가르쳐 주시겠어요?"

"그럽시다. 나도 이제 막 집으로 들어가려던 참이니까."

어촌계장의 친절한 안내를 받으며 경매 물건지로 갔다. 전형적인 어촌 주택이지만 오래된 정원수들이 우거져 있어 조금만 손을 보면 훌륭한 정원이 될 듯 보였다.

* 주택내부 사진

반면 오랫동안 사람이 살지 않은 내부는 잡동사니만 어지럽게 흩어져 있었다.

계장은 이 집에 얽힌 이런저런 이야기를 자세히 해주면서 미처 알지 못했던 고급정보까지 전해 주었다.

* 물건에 대해 설명하는 어촌계장님

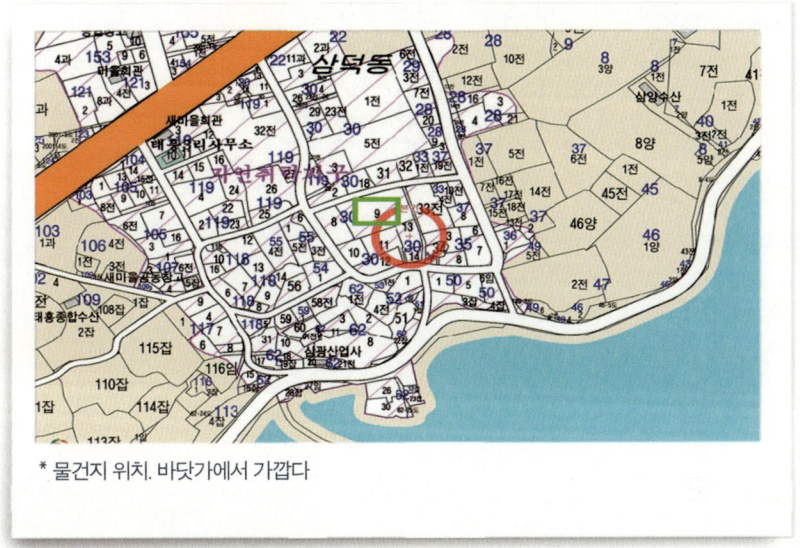

* 물건지 위치. 바닷가에서 가깝다

　이 집 바로 뒤에 붙어 있는 2,640m^2 (약 800평)의 땅 역시 팔러 내놓았다는 사실이었다. 갑자기 돈이 필요한 땅 주인이 시세보다 아주 저렴하게 가격을 붙였단다.

Scene 07 셜록 홈즈와 커피 한 잔?

;물건의 용도 확인은 반드시

이번 물건에 입찰하려는 김 원장은 자신의 병원을 운영하는 치과의사다. 한국과 미국을 오가며 영문학과 치의학을 전공한 독특한 이력의 소유자인데, 십 년 넘게 치과의사로 일하면서도 문학에 대한 열정은 버리지 않았다. 낮에는 병원에서 치료도구를 들고 환자의 입안을 누비고, 밤에는 자판 위에 예리한 눈초리를 떨어뜨리며 창작 삼매경이랄까. 이 창작이라는 것도 아마추어 수준이 아니다. 한국 추리 작가협회 신인상을 받으며 본격적으로 문단에 등단한 추리 작가이다.

자신의 분야를 살린 독특한 소재의「외계인 치아 교정하기」같은 작품은 추리문학애호가들에게 잘 알려졌다. 김 원장의 꿈은 제주도 바닷가에 집을 지어 1층에 추리문학 서적을 진열하고, 2층에는 이 책들을 읽을 수 있는 '추리소설 카페'를 여는 것이었다. 마음에 품고 지냈던 꿈이 현실로 나타나는 순간이 지금이었다. 쓰임새에 딱 맞는 물건이 경매로 나온

데다, 주차장으로 사용할 수 있는 땅까지 시세보다 저렴하게 나와 있다니. 가슴이 설렐 만도 했다. 계장의 도움으로 일반 급매물과 해당 물건의 정확한 시세파악이 끝난 뒤 숙소를 잡고 저녁 식사를 하러 재래시장의 식당에 자리를 잡았다. 반주를 곁들이니 술기운이 천천히 오르면서 뿌듯한 하루, 특히 귀인이나 다름없는 어촌계장에 대한 고마움이 밀려왔다. 잠이 쏟아졌지만, 아직 중요한 일이 하나 더 남아있다.

"그래서, 내일 얼마를 써서 낼까요?"

김 원장과 한참을 고민하며 값을 가늠해 보았다. 일단 이번 물건에 지나친 집착은 않기로 했다. 더 좋은 땅이 평당 20만 원에 일반매물로 나와 있기도 하니, 꼭 이번에 낙찰되지 않더라도 기회가 있으리라는 생각이었다. 평당 17만 원이 적정 금액이라는 어촌계장의 조언을 떠올리며 총 2,499만 9,900원에 응찰하기로 정하고 편히 잠들었다.

* 재래시장 가는 길. 임장 끝나고 주변의 맛집을 들르는 재미도 쏠쏠하다.

Scene 08 경매 당일, 위험한 초보를 만나다

;무턱대고 남에게 맡긴 경매는 위험

드디어 경매 당일이 되었다. 일찌감치 일어나 제주항 근처를 천천히 걸으며 바닷바람과 갈매기 소리를 음미했다. 나무 한 그루소자 사뭇 다른 이국적인 제주도 땅을 어쩌면 우리가 낙찰을 받게 될지도 모른다. 여러 가지 생각을 하며 제주지방법원으로 향했다.

경매법정에 도착하면 가장 먼저 입찰게시판부터 살핀다.

오늘 입찰하고자 하는 물건에 변동사항이 없는지를 보기 위해서다. 다행히 변동사항도, 연기도 없이 정상적인 진행이었다. 그렇게 경매를 많이 해보았는데도 여전히 입찰목록에서 자신이 참가할 사건번호를 발견하면 반갑고 설레니 희한한 일이다.

입찰봉투를 받아들고 기재대에서 입찰표를 작성하고 있는데 옆에서 시선이 느껴졌다. 할머니 한 분이 아까부터 힐끗힐끗 쳐다본다 싶었는데, 결국 가까이 다가오더니 자신의 기일입찰표를 내밀었다.

* 경매가 열린 제주 지방법원

"이거…. 맞게 잘 썼는지 한 번 좀 봐주려오?"

가볍게 입찰표를 받아든 내 손이 순간 굳어버리고 말았다.

이럴 수가. 태어나서 처음 보는 광경이 내 눈앞에서 펼쳐지고 있었다.

할머니는 입찰가액과 보증금액 칸을 모두 또박또박 한글로 채워놓은 게 아닌가. 그래, 여기까지는 귀여운 실수라고 넘어갔다. 하지만 문제는 입찰가액이었다. 분명 자신이 쓰려고 했던 금액은 8억 9,000만 원이었을 터이다. 그런데 떡하니 '억' 단위에 '팔'이라 쓰고 천만 원 단위에는 '천'이라고 써놓았다.

"저, 할머니, 이건…." 뭐라고 말이 더 나오지 않았다. 이대로 입찰하고 만약 경매집행관이 한글로 쓴 이 금액을 인정해버렸다면? 생각만 해도 아찔하다.

주소를 보니 서울 서초구 서초동으로 되어 있다. 멀리도 오셨네.

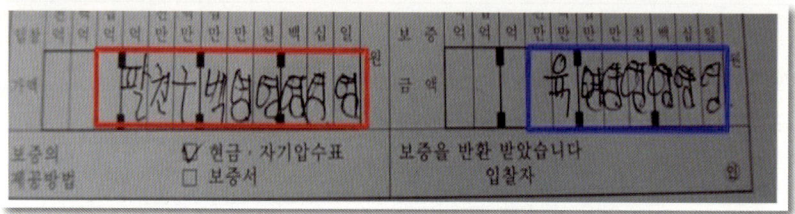

* 할머니가 작성한 문제의 입찰표

"할머니, 여기까지 오셨는데… 이렇게 쓰시면 안 됩니다."
"응? 아는 법무사가 이렇게 쓰라고 했다고."

오히려 잘못됐다는 내 말에 의심 충천, 의아해하는 모습이었다. 뭐라고 더 해야 할지 몰라서 가만히 있노라니 그때야 조바심이 나는 모양이었다.

"그러지 말고 좀 가르쳐 줘요. 경매는 처음이라서 그래."

또 시골에 계신 부모님 생각을 하면서 마음이 약해져 버렸다. 어느샌가 할머니 대신 입찰표를 쓰고 있는 나 자신을 본다.

"입찰 보증금 가져오셨죠?"

입찰표와 함께 입찰봉투에 넣을 보증금을 달라고 하자 할머니는 부스럭거리더니 커다란 쇼핑백에서 돈다발(!)을 꺼냈다.

"이… 이게 뭐예요?"

맙소사. 입찰보증금을 만 원짜리 현금 수백 장으로 가지고 온 것이다. 쇼핑백 안에는 종이 끈으로 얌전히 묶인 돈다발이 차곡차곡 쌓여 있었다. 오늘 정말 여러 번 놀라는구나.

만약 내가 도와주지 않았을 경우, 만 원짜리 다발을 입찰 봉투에 넣으

* 할머니가 돈다발을 발 밑에 두고 입찰표를 적고 있다(맨 왼쪽).

려 낑낑댈 할머니의 모습이 떠오르는 순간이었다.

"저기 바로 옆 은행에서 빨리 수표 한 장으로 바꿔 오세요!"

입찰 시간은 다가오고 있고, 할머니는 혼비백산하며 은행 창구로 달려갔다. 지갑과 가방은 모두 내 앞에 내버려둔 채 말이다. 대체 뭘 믿고 이러실까.

이윽고 수표로 바꾸어온 입찰보증금을 봉투에 담아 투찰함에 넣으니 금방 입찰 마감이었다. 우린 초조한 마음으로 차례를 기다렸다.

제주도 물건지 인근 바다 모습

Scene 09 아쉬운 후퇴

;시세보다 비싼 낙찰가는 의미가 없다

2 0**타경 123**물건번호 1번에 입찰하신 분들은 모두 앞으로 나오세요.

드디어 차례가 왔다. 집행관이 부르자 우르르하며 상당히 많은 사람이 앞으로 나가기에 순간 '이번에는 어렵겠구나' 하는 생각이 들었다.

결과는 총 9명 입찰, 최고 낙찰가는 우리 입찰가보다 1,300만 원이나 더 쓴 3,788만 8,888원(감정가 대비 102.75%)이었다. 의아한 사실은 이 금액이 시세보다 훨씬 더 비싸다는 점이다. 이 정도 투자라면 경매가 아니라 일반매매로도 훨씬 좋은 땅을 구매할 수 있으므로 낙찰받는 의미가 없어진다. 당연히 낙찰자의 심중에 호기심이 일었다.

'왜 이렇게 높게 썼지?'

마침 최고가 매수신고인이 나오기에 기다렸다가 말을 걸었다.

"낙찰 축하합니다. 혹시 제주도에 사시나요?"

"아, 고맙습니다. 아니요, 서울에서 왔습니다."

"현장에는 가보셨지요?"

"현장이요? 어디 있는지 잘 모르는데요."

의외의 대답이다. 낙찰자는 한 번도 물건지에 가본 적이 없다면서 어깨를 으쓱했다. 조금 당황했지만 대충 감이 잡혔다. 경매대행업체에 맡겼다는 이야기였다.

그러고 보니 저쪽에서 한 사람이 얼굴에 미소를 가득 머금고 이 낙찰자를 기다리고 있었다. 아마도 이번 물건을 시세보다 훨씬 비싼 값에 낙찰받게 한 경매대행업체 직원일 터이다.

언제부터인가 경매가 대중화되면서 경매대행업체가 우후죽순처럼 생겼다. 여기저기서 '누가 경매로 한 몫 잡았다더라'는 소리가 터져 나오던 시기였다. 평범한 사람이 경매의 제왕이 되고 수백억을 벌었다는 부류의 경매초보자들은 이런 업체들로 몰려든다. 물론 그중에는 고객을 위해 성실하게 일하는 업체도 있겠지만, 이렇게 수수료를 챙기기 위해 터무니없는 가격으로 낙찰을 받는 곳도 적지 않다. 미꾸라지 한 마리가 강물을 흐린다더니! 딱 그런 꼴이다.

서울로 오는 비행기 안에서 아쉬움과 함께 착잡함이 밀려들었다. 낙찰을 받지 못한 아쉬움도 있지만 두 가지 이유가 컸다.

하나는 입찰일에 도와주었던 할머니 때문이었는데, 이 분도 낙찰에는 실패했다. 그날 법원에 앉아 이런저런 이야기를 하는데 입찰하게 된 동기도 듣게 되었다.

할머니의 부친은 돌아가시면서 유산으로 자식들에게 이 땅을 남겼다. 그런데 공유지분을 여동생이 가압류해 경매에 넘겨버렸다. 할머니가 여동생에게 돈을 빌려 쓰고 갚을 생각을 하지 않았기 때문이다. 그래도 부동산을 빼앗기기 싫었던 할머니는 아들 이름으로 경매를 받기 위해 제주도에 왔다고 했다. 남의 돈을 갚지도 않으면서 땅 욕심은 부리려 했다니, 미리 알았으면 도와주지 않았을 텐데. 뒤늦게 후회했지만 그나마 할머니가 낙찰을 받지 못했으니 다행이라 생각하기로 했다.

또 하나는 김 원장의 '추리문학관' 꿈이 조금 뒤로 미뤄진 아쉬움이었다. 하지만 기회는 또 있겠지, 하고 나는 중얼거렸다. 제주도의 검은 바위와 바다가 넓게 펼쳐지는 창가 앞에서 추리 소설을 읽고 있는 김 원장의 모습이 벌써 눈앞에 보이는 듯했다.

제 1 투자처는 나 자신이다

◎ **촌놈이 출세했네**

무얼 숨기랴, 나는 전형적인 촌놈이다.

툭하면 논두렁에 발이 쑥 빠지는 시골에서 농부의 아들로 태어나 소를 팔아 대학에 왔다(비유가 아니다. 정말로 팔았다). 부모님의 기대가 양어깨에 가득 걸린 아들, 그것도 장남이었고 그런 부담은 연료가 되어 나를 끊임없이 뛰게 했다.

'난 장남이니까 동생들도 내 책임이야.'
'빨리 부모님 고생을 끝나게 해드려야지.'

집안을 일으켜야 한다는 생각이 들면 불치병인 '장남병'이라는데, 내가 바로 그런 경우였던 듯하다. 늘 쫓기는 기분이었고, 나 자신을 위한 시간 따위 사치이자 죄책감의 씨앗이었다. 지금에서야 이렇게 분석하면서 글을 쓰지만, 그때는 오히려 아무 생각이 없었다. 그저 더 위로, 더 앞으로만 가려 했지 스스로 삶을 돌이켜 볼 시간조차 없었기 때문이다.

자산이 늘어나면 마음의 여유도 비례해 늘 줄 알았더니 딱히 그렇지도 않았다. 어어, 이거 이상한데, 하는 생각이 스멀스멀 올라왔지만 무시했다. 그리고 점차 나아지는 경제 상황이나 잘 풀리는 사업으로 애써 마음의 소리를 눌렀다.

그러다 올 것이 왔다. 친구라 믿었던 인간들에게 돈을 빌려주었는데 받지 못하는 상황이 연이어 일어났다. 돈도 돈이지만 사람에게 다친 마음은 치유되지 않았다. 매일 술만 퍼마시다 보니 얼굴은 썩어가고 배는 늘 불룩, 한마디로 구제불능 아저씨가 되어 있었다.

어느 날이던가, 여지없이 술에 취해 걷고 있는데 유리에 비친 내 모습을 보고 깜짝 놀랐다. 그렇게 되고 싶지 않았던 종류의 인간이 거기에 서 있었다.

◎ 배신이 가져다준 전환점

그날 밤 좀처럼 잠이 오지 않았다. 수많은 기억의 일면과 마음 밑바닥의 생각들이 스쳐 지나갔다. 친구들이 원망스러웠다. 그 사람들이 입에 담는 거짓말들이 역겨웠다. 친구라고 생각하고 도와주려 한 내 마음을 비웃었을 인간들이 무서웠다. 하지만 더 참을 수 없는 건 나 자신이었다. 분명히 작정하고 나를 속이려 던 사람들을 어찌 그렇게도 눈치 못 챌 수 있었을까?
왜 나는 개나 소나 다 친구라고 생각했을까?
대체 사람 보는 눈은 어디다 팔아먹었나?

엎치락뒤치락할수록 생각은 꼬리에 꼬리를 물었지만, 방법은 없었다. 그저 조금씩 나만 소모될 뿐이었다.
어느 정도 시간이 흐르니 조금씩 정신이 들었다. 어차피 다 지나버린 일에 더는 미련을 가져봐야 소용없다는 체념도 있었다.
'그래, 이게 다 벌이다. 진심 따위 없는 인간들에게 진심을 쏟아 부은 결과야.'
하고 생각하니 마음이 한결 가벼워졌다. 배신감을 그렇게 털어버렸다. 그리고 동시에 마음을 굳게 먹었다. 밑도 끝도 없이 다른 이들에게 퍼붓기만 하던 모든 것들을 나 자신에게도 돌려주자고.
그때부터다. 아무리 적은 금액이라도 수익이 나면 나 자신에게 조그마한 선물을 주자고. 그게 바로 당시의 내게는 가장 시급한 투자였다.

◎ 무의미한 자기희생은 그만

장황하게 개인적인 이야기를 펼쳐놓은 이유가 뭘까? 그건 바로 안타까움에서다. 내 강의를 듣는 학생들을 한 사람씩 만나 이야기를 나누어 보면 너무도 자주 예전의 내 모습이 떠오르기 때문이다.

자신을 혹사하는 줄도 모르고 그저 앞으로만 나아가는 사람들….
물론 다들 나름대로 중요한 이유는 있으리라. 남편을 위해서, 아내를 위해서, 혹은 자식들을 위해서는 그 무엇도 아깝지 않다고 생각할 수도 있다. 돈도 그래서 벌고 경매도 그래서 배우는 것이라 말하는 이들을 몹시도 많이 보아왔다.

"일단 이 고비만 넘기면 즐기면서 살 거야."
"돈만 더 벌면 나한테 쓸 시간이 생기겠지."
"가족이 있는데 나 자신을 챙기라니? 그런 이기적인 생각이 어디 있어!"

모두 틀렸다. 한번 지나간 이 시간은 다시 돌아오지 않는다. 스물네 시간 곁에 있어주고 어떤 상황에서도 편을 들어주는 사람은 나 자신뿐이다. 이 세상에서 가장 사랑해야 할 대상은 가족도 친구도 아닌 자신임을 빨리 깨달아야 한다. 내가 건강하고 행복해야 가족도 돈도 명예도 빛을 발한다. 모든 것을 던지며 일하다 건강이라도 잃어보라. 가족에게도 짐이 되고 돈과 명예도 한낱 신기루가 되어버린다.

하루에 단 5분이라도 자신만의 시간을 갖고, 작은 예산이라도 자신을 위해 투자하자. 늘 미루지만 말고 지금 여기에서 맛있게 먹고, 여행이라도 다니면서 자신을 보듬어주자. 더는 나를 뒷전으로 밀어버리는 행동은 그만하겠다고 스스로 다짐하는 거다.
그러다 보면 어느 날 더 힘차게 멀리 뛸 수 있는 자신을 발견하게 될 테니까.

여행을 떠난다. 언제나 그렇듯 잠깐겸 자신을 돌아볼 수 있는 시간을 갖기 위함이다

PART 1. 제주도에 내 땅이 생긴다고?

"열정이 전부다.
끝을 보지 않으려면,
시작도 하지 마라"

PART 2
19억 짜리 상가를 2억에!

카리스마 제자의 재등장
복잡한 물건은 경매본능을 자극한다
풀 죽은 상권 주안역
라면으로 시작한 정보수집
진짜 유치권일까?
오늘의 지원군은 통닭과 소주
유치권 확인사살
밀린 관리비가 6,500만 원이라고?
드디어 낙찰이다!
껄끄러운 관리소장
단칼에 물리친 허위 유치권자
협상 전, 상대부터 파악하라
변호사와 협상테이블에
내용증명의 힘
화기애애 사우나
대단원을 장식한 전기요금

Scene 01 카리스마 제자의 재등장

;스스로 물건 찾는 눈을 기르자

매일 아침, 특별한 일이 없으면 나의 애마인 산악자전거를 타고 아침 7시 반까지는 출근을 한다. 도착하면 일긴 신문 내어샷 궁류를 펼쳐서 그날의 중요한 기사들을 우선 제목만 훑어본다. 그리고 자세한 내용은 아이패드^{iPad}로 짬짬이 읽어보며 최신동향을 놓치지 않으려 애쓴다. 이렇게 하면 시간도 절약되고 읽는 재미도 쏠쏠하다.

그날도 여느 때와 다름없이 중요한 기사를 추리고 있는데 난데없이 사무실 전화벨이 울렸다. 누가 아침 일곱 시부터 전화를? 무심코 수화기를 들자 다급한 목소리가 들려온다.

"유 원장님이세요?"

"네, 누구시죠?"

낯익은 목소리는 자신의 이름을 밝히자마자 숨이 넘어갈 듯이 말을 이어갔다.

"원장님, 죄송하지만 지금 시간 되시면 사무실로 좀 찾아뵙겠습니다."
그렇게 하시라는 말이 채 끝나기도 전에 전화가 끊겼다.
2년 전 내 수업의 학생으로 시작된 인연인 이 원장도 치과의사다.
문득 기억들이 되살아났다. 지금은 없지만, 그 당시에는 직장인들만 대상으로 하는 저녁반 수업이 있었다. 그런데 항상 수업이 30여 분쯤 진행되고 있으면 슬그머니 교실 문을 열고 들어오는 신사 한 분이 있었다.
말끔한 정장 차림에 범상치 않은 분위기의 중년 남자. 끝까지 진지한 얼굴로 수업에 참가하고 결석도 없었지만, 호기심 많은 나는 궁금증이 커져만 갔다. 그도 그럴 것이, 들쭉날쭉 지각하는 게 아니라 늘 정확히 30여 분 정도 늦는 데다 카리스마가 여간 아니었다. 그렇게 몇 달을 지켜보던 어느 날, 드디어 기회가 왔다.
3개월쯤 지났을까? 수업이 시작되지도 않았는데 이 분이 유유한 모습으로 교실에 나타났다.
"오늘은 일찍 나오셨네요?"
"네, 오늘 병원이 쉬는 날이거든요."
"병원에서 일하십니까?"
"아차, 원장님께 제 명함을 드렸어야 하는데…. 여기 있습니다."
명함에는 치과병원의 이름이 적혀 있었다.
이 원장은 치과를 운영하고 있지만 늘 더 나은 노후에 대해 생각을 해 왔다고 했다. 그래서 부동산 투자를 위해 경매를 배우기로 했단다. 늘 진료를 마치고 서둘러 오지만 지각을 하게 된다며 미안해했다.
수업 중에 추천받은 물건들도 두어 번 입찰했다 떨어졌다는데, 근소

한 차이였다며 아쉬워하는 모습을 보니 열심인 듯해 보기 좋았다.

그게 벌써 2년 전의 일인데, 오늘은 대체 무엇이 이 원장을 그토록 급하게 했을까? 아무튼, 늘 나를 궁금하게 하는 사람이다.

Scene **02** 복잡한 물건은
경매본능을 자극한다

;골치 아파 보여도 섣불리 포기 않는다

전화를 끊고 얼마 지나지 않아 이 원장이 사무실로 들어섰다. 천천히 앉아서 커피를 하거나 할 분위기는 아니었다. 바로 무언가를 내밀며 빠르게 이야기한다.

"원장님, 바쁘신데 죄송하지만, 이 물건 한 번만 봐주시겠습니까? 응찰 일이 며칠 남지 않은 탓에 서둘러 왔습니다."

건네준 경매 자료를 보니 뭔가 깔끔하지 못한 물건이었다.

"여기 들러보신 적은 있나요?"

"집사람이랑 함께 두 번 다녀왔습니다. 위치도 좋고…무엇보다 여러 번 유찰되어서 가격도 적당합니다."

요컨대 한 번 응찰해 보고 싶은데, 유치권^{타인의 물건이나 유가증권(有價證券)을 점유하고 있는 자가 그 물건 또는 유가증권에 관하여 발생한 채권의 변제를 받을 때까지 그 물건 또는 유가증권을 유치하는 권리이다(민법 제320조~제328조).} 같은 권리관계가 너무 복잡해 조언을 받고 싶다는 말이었다.

PART 2. 19억 짜리 상가를 2억에! 61

"어디 한 번 볼까요?"

사건번호를 받아 인터넷상에서 대략 정보를 살펴보았다.

일단 물건의 종류는 7번이나 유찰되어 감정가 대비 11%까지 떨어진 근린상가. 유치권이 4억 4,470만 원 신고되어 있고, 6차 때 한 명이 감정가 대비 17.75%인 3억 3,720만 원에 낙찰받았지만, 잔금을 내지 않았다. 이 사람은 무려 입찰보증금 3억 1,900만 원을 포기했다. 왜 이런 거금을 포기할 수밖에 없었을까?

노련한 수사관이 직감적으로 범죄의 냄새를 맡는 것처럼 나도 뭔가 느낌이 왔다. 하지만 내색은 하지 않고 태연한 얼굴로 이 원장과 서류를 들여다볼 뿐이었다.

"이렇게는 잘 모르겠고… 현장에 한 번 가봐야 할 것 같은데요?"

"원장님, 정말 염치없지만 직접 가봐 주실 수 없은까요? 아시다시피 저는 부동산 지식이 아직 시원찮습니다."

"…그렇게까지 말씀하신다면 제가 오늘 중으로 한번 들러보겠습니다."

어차피 오늘 그 근처에 둘러볼 다른 물건도 있는 참이었다.

이 원장은 몇 번이고 고맙다는 인사를 남긴 후, 진료시간에 늦겠다며 또 바람과 같이 사라졌다.

BOX 2

유료 경매정보, 아까워하지 말자!

경매에 입찰하기 전 해야 하는 물건 분석은 수익과 직결되는 문제다.
이 분석은 크게 두 과정으로 나눌 수 있다.
1차 분석 책상에서 서류와 씨름하는 권리분석. 주로 이 물건을 낙찰받았을 때 일어날 수 있는 위험성을 판단한다. 예를 들면 세입자의 보증금을 몽땅 물어주어야 한다든지, 건물을 내 마음대로 쓸 수 없다든지 등등.
2차 분석 부동산 물건이 가지고 있는 현재 혹은 미래의 가치를 심도 있게 판단하는 과정. 주로 현장으로 발걸음을 옮긴다.

1차 분석에서 도움을 주는 핵심 정보원이 바로 대법원 경매정보 사이트와 사설 유료 경매정보 사이트들이다. 대법원 경매정보 사이트는 무료다. 하지만 유료 정보지보다는 정보의 양과 질에 아쉬움이 많다. 하지만 만만치 않은 이용료를 생각하면 조금 망설여지기 마련이지만, 경매는 결국 정보 싸움이며, 가장 가격을 높으면서도 적절하게 쓴 1등 입찰자만이 승리하는 게임이다. 2등이나 꼴등이나 다 마찬가지인, 어찌 보면 잔인한 승부다.
(오히려 2등이 꼴등보다 더 손해일 수도 있다. 아쉬움에 속만 타니까)
이런 승부 판에 어차피 몸을 던지기 했다면 초기 비용이 좀 들더라도 유료 사이트들에 가입하는 편이 결과적으로는 시간과 비용을 아낄 수 있다. 최근에는 여러 업체가 서로 경쟁하면서, 과거보다 훨씬 저렴하게 풍부한 정보를 누릴 수 있는 상황이다.

어떤 정보를 얻을 수 있나? 등기부 등본은 물론 건축물관리대장, 토지대장, 토지이용계획확인원 등. **어떤 유료정보지가 좋은가?** 고르기도 쉽지 않은 유료경매정보 사이트. 인지도와 신뢰도가 높은 곳은 다음과 같다.
굿옥션 http://www.goodauction.co.kr
지지옥션 http://www.ggi.co.kr
부동산태인 http://taein.co.kr
스피드옥션 http://speedauction.co.kr

정보는 무기이자 방패다. 소소한 지출을 아까워 말고 알찬 유료 사이트를 골라 늘 체크하는 버릇을 들이면 어떨까?

"데이터는 거짓말을 하지 않아요."

하고 읊조리던 어느 범죄 영화의 형사처럼 나는 모니터 화면 가득 이 사건 관련 서류를 채웠다.

위치 인천 수안동 북서측
종류 근린상가
크기 대지권 199.33㎡(58.482평), 건물면적이 895.59㎡(270평)
감정가 19억 원. 하지만 7번 유찰되어 감정가 대비 12%까지 떨어짐.

유찰이 유난히 많은 점 빼고는 딱히 특별한 부분은 없었다. 다만 6차 매각 때 감정가 대비 17.75%인 3억 3,720만 90원으로 누군가 단독 입찰하여 낙찰을 받았는데, 잔금을 내지 않아 재경매된 점만이 주목할 만했다.

그리고 바로 거기 내가 할 일이 있었다.

'낙찰자가 왜 3,200만 원이나 날리면서 물건 잔금 납부를 포기했을까?'

보통 이런 경우 이유는 두 가지 정도로 압축된다.

첫째, 물건에 유치권이 신고되어 있어 은행이 잔금 대출을 해주지 않았을 경우. 즉 잔금 낼 돈이 모자라서 포기했을 수 있다.

둘째, 낙찰을 받고 현장에 가보니 뜻하지 않게 인수해야 할 권리들이 많아 어쩔 수 없이 포기한 경우.

골치 아픈 경우는 늘 두 번째다. 경매로 물건을 살 때는 시세보다 저렴하게 낙찰받지 않으면 의미가 없다. 그런데 그 물건에 온갖 골치 아픈 권리가 엮여 있어 낙찰 후 나갈 돈이 더 많다면? 누구라도 마음고생 끝에 포기할 수밖에 없다.

No	접수	권리종류	권리자	채권금액	비고
	등기부현황 (채권액합계 : 614,794,480원)				
1	20##.05.27	소유권이전(매각)	박##	임의경매로인한매각	20##타경104##
2	20##.05.27	근저당	농협중앙회 (상도동지점)	391,300,000원	말소기준등기
3	20##.02.03	근저당	김##	30,000,000원	
4	20##.02.09	근저당	정##	50,000,000원	
5	20##.02.13	근저당	홍##	15,000,000원	
6	20##.07.07	소유권일부(4분의1)가처분	최##	매매계약에 의한 소유권이전등기 인천지법 20##카단1 가처분 내역보기	
7	20##.09.15	근저당	김##	30,000,000원	
8	20##.09.15	근저당	김##	50,000,000원	
9	20##.09.15	근저당	박##	30,000,000원	
10	20##.10.08	임의경매	정##	청구금액: 50,000,000원	20##타경53##
11	20##.10.27	가압류	서울보증보험(주)	18,494,480원	
12	20##.12.11	압류	인천광역시남구		
기타사항		☞제1하층 제1호 건물등기			
주의사항		☞유치권신고 있음 - 20##.11.9. ##엔지니어링주식회사로부터 공사대금채권 금447,000,000원을 위하여 본건 건물 전부에 관하여 그 성립은 불분명, 20##.04.23 근저당권자 농업협동조합중앙회 유치권권리배제신청서 제출			

등기부 등본 현황

등기부 등본부터 확인해 봤다.

2008년 5월 27일, 순위 1번에 있는 소유자 박OO이 경매로(2006타경****) 4억 3,055만 원에 낙찰받았다. 또 순위 6번을 보면 2009년 7월 7일에 최OO가 소유자를 상대로 처분금지가처분을 신청(인천지방법원

2009 카단 103**)했다. 매매계약에 의한 소유권이전등기가 원인이었다.

경매를 좀 해 본 사람은 이 가처분이 말소기준권리보다 후순위 가처분이므로 낙찰자가 인수할 필요가 없다고 판단하고 끝낼 것이다. 하지만 나는 좀 더 세밀한 정보를 원했다. 우연히 발견한 피 한 방울이 살인사건의 중요한 실마리를 제공하지 않는가?

곧바로 대법원 사이트의 '나의 사건검색' Box3 참고란에 접속했다. 그리고 결론부터 말하면, 여기서 이 사건의 아주 핵심적인 단서를 발견하고 만다.

권리분석을 계속 하며 일단 말소기준권리부터 찾았다. 2008년 5월 27일 농협중앙회(농협은행)에서 설정한 근저당권이 말소기준권리가 되고, 그 뒤에 따라오는 후순위 권리는 모두 매각으로 소멸한다.

이어서 등기부 등본으로는 알기 어려운 권리인 임차인 현황, 유치권 등은 안아보았다. 매각문건면세서 Box4 참고에는 임카인이 7명이나 있었지만 모두 말소기준권리보다 늦은 후순위임차인이라 신경 쓸 일이 없었다.

문제는 '※비고란'의 OO주식회사가 공사대금 채권으로 신고한 4억 4,700만 원이라는 금액이었다.

현장을 방문해 또 하나 확인해야 할 사항이 바로 이 유치권의 사실 여부다. 진짜 유치권이라면 공사대금 채권 4억 4,700만 원을 물어줘야 하고, 가짜라면 한 푼도 물어줄 필요가 없기 때문이다.

BOX 3

모르면 손해, 〈나의 사건검색〉

대법원 대국민서비스 사이트

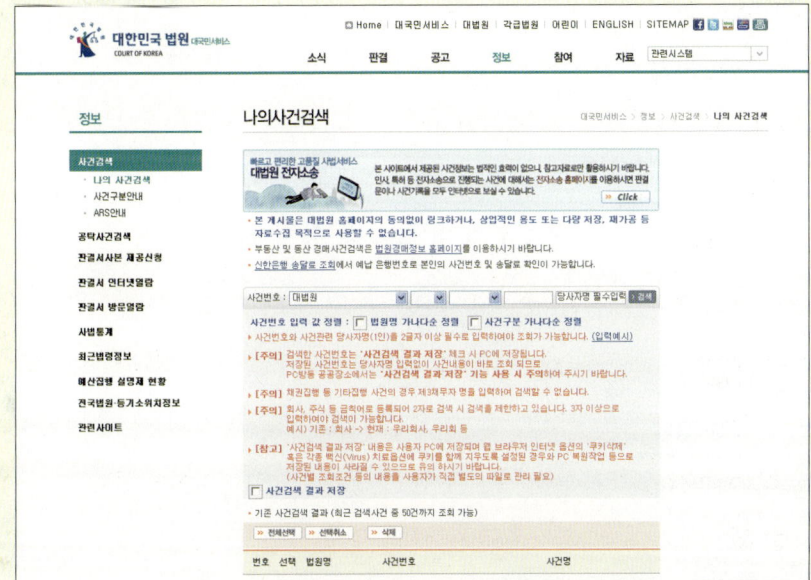

대법원 홈페이지의 대국민서비스 페이지(http://www.scourt.go.kr/portal/main.jsp)에 들어가서 위쪽 메뉴바에서 '정보'를 클릭해보자. 펼쳐지는 하위 메뉴중 '사건검색'을 선택하면 바로 '나의 사건검색' 페이지로 들어간다.

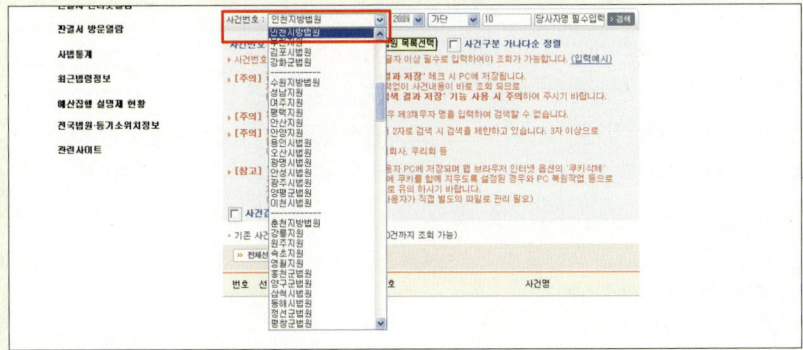

PART 2. 19억 짜리 상가를 2억에! **67**

1. 법원 선택
사건번호 바로 옆, 즉 맨 왼쪽 칸의 화살표(▼)를 내려 사건 해당 법원을 검색

2. 사건번호 입력
법원 오른쪽의 3칸에서 순서대로 연도 선택, 가~하 코드 선택, 사건번호 숫자를 입력.

3. 당사자명 입력
사건번호 아래 있는 칸에 당사자명을 입력. 당사자란 신청인이나 피신청인을 말한다.

4. 검색!
빠짐없이 정보를 입력했다면 당사자명 오른쪽의 검색 버튼을 클릭!

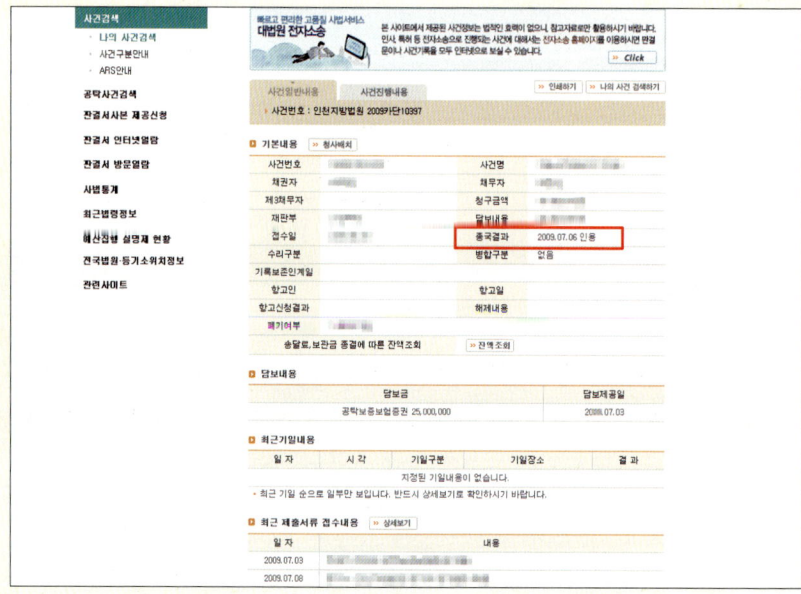

이처럼 사건에 관한 전반적인 내용을 볼 수 있다. 예를 들면 이번 경매물건에서 신청인(채권자)은 최○○이고 피신청인은 박○○이다. 그리고 부동산처분금지 가처분신청 결과는 2009년 7월 6일 인용되었다. 즉 채권자 최○○이 승소했다는 뜻이다. 만약 사건이 진행 중이거나 종결되지 않은 경우 종국 결과는 빈칸으로 남는다.

5. 나의 사건검색 결과 저장하기
이 검색 결과를 저장해 놓으면 나중에 일일이 다시 검색 조건을 입력하지 않아도 되어 편리하

다. 처음 검색할 때, 붉은 글씨의 주의사항 아래에 있는 '사건검색 결과 저장'을 체크할 것. 다만 공용 컴퓨터에서는 사용을 피할 것! 대법원 사이트는 로그인이 필요 없는 공개사이트이므로 내 사건 기록이 노출될 우려가 있다.

BOX 4

정말 중요해, 매각물건명세서

매각물건명세서가 뭐지?

경매로 나온 매각물건에 대해 최대한 상세히 설명해 놓은 문서. 입찰 참가자들에게 해당 부동산에 관한 정확한 정보를 제공한다. 이를 통해 예측지 못할 손해를 방지하고 매각에의 참여를 유도하여 강제집행제도의 기능을 제고하는 데 목적이 있다. 따라서 매각물건명세서 작성에 중대한 하자가 있는 때에는 매각허가에 대한 이의 및 매각허가결정에 대한 즉시항고의 사유가 된다. 매각물건명세서 사본의 비치는 매각기일 1주일 전까지 하여야 한다.
'매각물건명세서만 잘 살펴봐도 권리분석은 다 끝낸 것'이라 해도 과언이 아니랄 만큼 중요한 문서!

매각물건명세서의 기재사항

1. 부동산의 표시
매각목적물인 부동산을 표시한다. 등기부 등본상의 부동산표시를 그대로 기재하되, 그 표시와 부동산현황이 다른 경우에는 현황도 함께 적어야 한다. 미등기건물을 목적물에서 제외할 경우에는 그 취지를 명확히 하여 매수희망자들로 하여금 그 취지를 알 수 있도록 해야 한다.

2. 점유관계와 관계인의 진술
점유인 관련: 현재 부동산을 누가 점유하고 있는지 알 수 있다.
임차인이 점유하고 있으면 임차보증금, 월세를 주었다면 그 금액 등. 혹은 소유자(채무자)가 점유했는지의 여부.
배당금 관련: 임차인 점유의 경우, 임차인의 배당요구 유무, 임차인의 대항력 여부 등이 적혀있다. 특히 인수 여부가 불분명한 임차권 등 물적 부담에 관한 주장이 제기된 경우에는 임대차 기재란 또는 물적 부담 기재란에 주장되는 임차권 등 물적 부담의 내용을 쓴다. 또한, 비고란에 'OOO가 주장하는 임차권은 존부(또는 대항력 유무)가 불분명함'이라고 기재한다.
이 다세대 주택의 점유자는 고OO 씨이고 임차보증금 1억 2,000만 원에 선순위 임차인 대항력

을 가지고 있다. 하지만 확정일자를 받고 배당요구를 하였으므로 가장 먼저 배당을 받게 되고, 낙찰자는 인수할 금액이 없다.

어떤 점이 중요할까?

매각물건명세서 하단에 있는 ※로 표시된 3개 부분이 바로 핵심이다.
어느 한 부분에라도 '해당 사항 없음' 외의 말이 쓰여 있다면 주의, 또 주의!

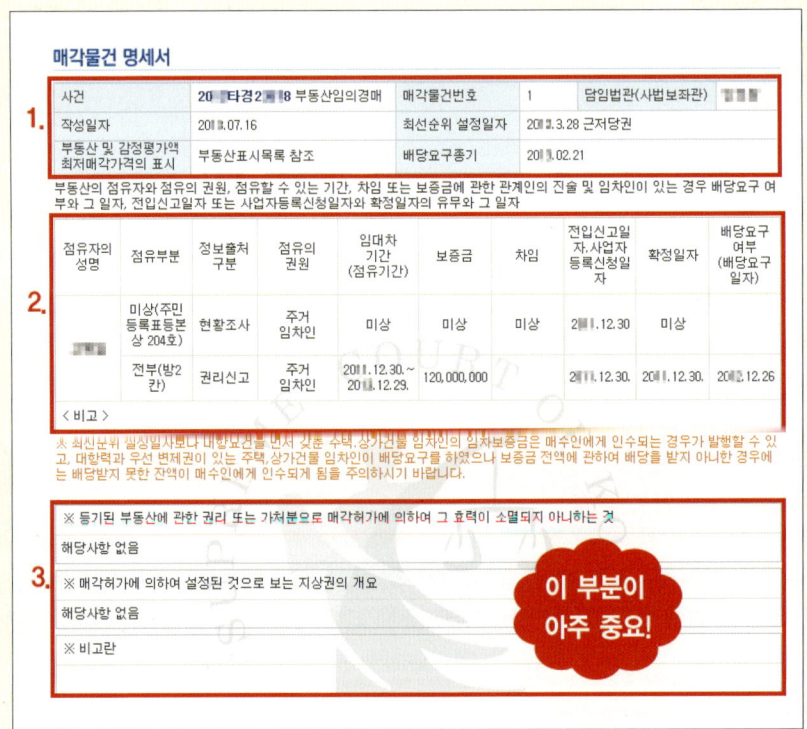

※ 1. 등기된 부동산에 관한 권리 또는 가처분으로 매각허가에 의해 그 효력이 소멸하지 아니하는 것

: 이 항목에 이상이 있으면 '매수인에게 대항할 수 있는 임차권 등기 있음, 배당에서 보증금 미변제 시 잔액 매수인이 인수할 수 있음'이라 표시된다.
: 낙찰자가 인수할 사항이 없으면 '해당 사항 없음'이라고 기재된다.

※ 2. 매각허가에 의하여 설정된 것으로 보는 지상권의 개요

: '해당 사항 없음'이라고 기재되어 있어야 낙찰자가 인수할 지상권이 없다는 뜻이다.

※ 3. 비고란
: 건물만 매각하면 '건물만 매각(법정지상권 성립 여부는 불분명함)'이라고 기재.
: 유치권 신고가 되어 있으면 '유치권(홍길동, 금 7,500만 원) 신고 있으나 성립 여부는 불분명함'이라고 기재.
: 하자가 없어 낙찰자가 인수힐 사항이 없다면 '해당 사항 없음'.

다 확인했는데도 문제가 생긴다면?
3개 부분 모두 '해당 사항 없음'이기에 안심하고 낙찰을 받았는데 이후 매각물건명세서의 작성에 중대한 하자가 있다면 어떻게 할까? 이는 매각허가에 대한 이의신청사유가 되며, 즉시 항고로 불복할 수 있다. 그 시기를 놓쳤다면 매각허가결정의 취소신청사유가 된다(민사집행법 121조5호,6호, 민사집행법 121조6호).

이런 신청을 법원이 받아들이면 최고가매수인(낙찰자)은 대금납부 의무와 소유권 이전에 관한 의무를 면한다. 따라서 입찰보증금을 돌려받을 수 있고, '집행법원이나 경매담당 공무원이 매각물건명세서의 작성오류로 매수인의 매수신고 가격결정에 영향을 미쳐 매수인으로 하여금 불측의 손해를 입게 하였다면 국가는 이로 인하여 매수인에게 발생한 손해에 대한 배상책임을 진다(대법원 2006다913).

매각물건명세서는 자주 봐야 한다. 해당물건에 중대한 권리관계 변동이 발생하면 가장먼저 여기 기재가 되기 때문이다. 입찰희망자는 입찰 당일 경매법정에서도 다시 한 번 열람할 수 있으니 돌다리도 두드리는 심정으로 반드시 확인할 것.

항우중국 진(秦)나라 말기의 장수이며 진을 멸망시킨 인물. 기원전 209년에 군사를 일으켜 진나라를 멸한 후 옛 초나라의 패왕(覇王)이라 자처했다. 그 후 유방과 패권을 다투다가 해하(垓下)전투에서 패하고 자살했다.도 낙상할 때가 있고, 소진중국 전국 시대의 유세가(遊說家)도 그러했듯이 종종 경매선수라는 사람들도 작은 실수 하나로 인해 큰 피해를 보지 않는가.

마지막으로 살펴본 감정평가서는 이렇게 적고 있었다.

: 본건 전체는 대중목욕탕으로서, 목욕탕 운영에 필요한 제반시설(사우나시설, 보일러 설비 등)을 포함하여 평가하였음.

그러므로 내부시설의 소유권이 누구에게 있느냐로 소유자나 임차인 등과 다툼의 여지는 없어 보였다. 이 정도면 현장조사 전 사무실에서 할 수 있는 1차 조사는 마친 셈이다.

위험사항이자 의문점은 딱 두 가지였다.
(1) 왜 6차 입찰 때의 낙찰자는 입찰보증금 3,190만 원을 포기하고 잔금도 미납했을까?
(2) 유치권으로 신고된 공사대금 채권 4억 4,700만 원은 진짜일까?

관리사무소에 들러 밀린 관리비가 있는지도 알아볼 겸 현장에 가보기로 했다. 주변을 둘러보면 시세는 물론 사우나를 잘 임대할 수 있을지도 한눈에 보이리라.

Scene **03** 풀 죽은 상권
　　　　　주안역

;좋은 상권, 나쁜 상권의 판단 기준

전철을 타고 주안역 부근으로 가는 중, 문득 경매를 처음 시작하던 때의 기억들이 떠올랐다. 그때는 좋은 물건이 나왔다 싶으면 몸이 달아서 어떻게든 빨리 현장을 보고 싶어 무작정 찾아가고는 했다.

* 주안역에서 도보 8분 거리의 물건 소재지

PART 2. 19억 짜리 상가를 2억에!

위치도 제대로 모르는 채 현장에 도착하면 이 건물이 저 건물 같고 다닥다닥 붙어있는 집들 사이를 헤매기 일쑤였다.

때로는 주소지조차 제대로 찾지 못해 정작 물건은 못 보고 오는, 웃지 못할 일도 있었다.

지금처럼 도로명 주소 표지판이 보기 좋게 붙어 있고 지도 애플리케이션이 발달했다면 있을 수 없는 일이다. 그래도 아주 간혹, 그때의 나 같은 실수를 하는 학생들이 있다. 이런 실수를 하지 않으려면 출발하기 전에 지도와 지적도를 이용해서 물건의 위치, 도로, 그 물건의 경계면 등을 살펴보아야 한다. 그리고 그 정보를 바탕으로 한 장의 지도를 만들면 현장조사에서 큰 도움이 된다.

개인적으로는 이제 지도를 만들지 않는다. 아이패드나 스마트폰 중 하나만 있으면 문건 검색부터 내비게이션 역할까지 다 해주는 덕택이다. 그날도 그렇게 화면을 터치해 주안역 부근 정보를 검색하다 보니 어느덧 물건지에 닿았다.

주안역은 지하철 1호선이다. 출구로 나와 주변을 살펴보니 인천 시내 대중교통 노선 대부분이 이곳을 지나가는 교통의 중심지였다.

당연히 통행량과 유동인구도 많다. 주요 관공서, 큰 병원, 은행과 증권회사 등 금융기관, 나이트클럽, 예식장 등도 몰려 있고 지하상가도 빽빽하다. 한때는 하루에 10만 명 이상이 이곳을 지나간다고 할 정도였다. 특히 전철을 이용하면서 지하상가에서 쇼핑을 즐기는 젊은 층 덕에 지하상가도 호황을 누렸다.

하지만 좋은 시절은 오래가지 않는지, 지금은 사뭇 다른 모습이었다.

* 밖에서 바라본 해당 상가 건물 ⓒ 굿옥션

일단 '나이트클럽'으로 대표되는 유흥업소들이란 이미 중장년층 이미지가 물씬 풍기지 않는가. 20대들은 홍대나 강남권의 클럽에 가면 갔지, 삼색 불 번쩍이는 전철역 근처 나이트클럽 따위 가지 않는다.

그런데 역 주변을 이런 유흥업소와 술집들이 장악하고 있으니 분위기가 바뀐 것이다. 딱히 그 때문만이라고는 할 수 없지만, 근처 공인중개사무소들의 말도 비슷했다.

"원래 주안역 상권은 10대와 20대 덕에 컸어요. IMF 이후 경기는 내리막만 타고 있는데 젊은 사람들이 여기 와서 돈을 쓰지 않아요. 전반적인 침체입니다."

나름대로 정리한 주안역 상권의 침체 원인은 이러했다.

다른 상권들에도 통용되는 원칙이니 곱씹어볼 것!

(1) 젊은 층의 입맛을 만족하게 해줄 먹거리 문화나 그에 상응하는 시설 태부족.

(2) 중장년층 대상의 나이트클럽, 콜라텍, 룸살롱, 숙박업소 등이 너무 많아 젊은 층이 속속 이탈

(3) 바로 곁에 외국계 대형유통매장과 백화점이 생기면서 지하상가 고객들을 대거 흡수해버림.

(4) 인천 지하철 개통에 따라 부평역보다 단점이 두드러짐. 서울 접근성 약화가 대표적인 예. 상권도 인천지하철역 인근이 우세.

(5) 아파트 단지가 점점 늘어나면서 주민들이 자체 상가 쪽을 이용하는 경향.

(6) 노후화된 시설을 적극적으로 고치지 않고 내버려둬 고객들의 잠재 불만 야기.

(7) 법원, 검찰청 등 관공서들이 학익동으로 이전하면서 중심가로서의 명성을 잃음

Scene 04 라면으로 시작한 정보수집

;토박이들은 모든 걸 알고 있다

뚜벅뚜벅. 천천히 실제 물건에 가까이 다가갔다. 주상복합건물 지하의 대형 사우나였다. 출입문에 칭칭 감아놓은 쇠사슬이 영업중지 중임을 알려주었다. 누군가 출입을 제한하려고 해놓은 조치일 테다.

때마침 건물을 청소하는 아주머니와 마주쳤다.

"안녕하세요?"

"네. 안녕하세요."

나를 이 건물 입주자로 생각했는지 자연스레 인사를 받는다.

"사우나가 장사를 않네요?"

아주머니는 고개를 갸우뚱하며 내 얼굴을 살폈다.

"않은 지 한참인데…오래됐어요."

"그래요? 아주머니도 여기서 오래 일하셨나 봐요."

"아니요, 전 여기 온 지 1년밖에 안 됐지만, 저 문 열린 건 본 적이 없어요."

그전부터 닫혀 있었어요."
"시설은 상당히 좋아 보이는데 왜 장사를 안 하죠?"
"글쎄, 잘 모르겠네요. 나보다 저기 계시는 아저씨가 가장 오래 계셨으니 잘 아실 거예요."
아주머니 손끝을 눈으로 따라가니 잰걸음으로 건물 안을 돌아다니는 노인 한 분이 보였다. 이야기를 나눌 틈은 없어 보였다.

닥치는 대로 근처 부동산을 여러 군데 다니고 나니 배가 출출했다. 시계를 보니 아이고, 저녁 시간이 훨씬 지나 있다. 김밥이라도 먹고 때워야겠다 싶어 멀지 않은 곳의 허름한 분식집으로 들어섰다. 식사하면서 물건에 대해 더 알아보려는 요량이기도 했다.

분식집에 들어서니 주방에 50대로 보이는 아주머니가 있었는데 첫눈에도 서글서글하니 좋은 인상을 풍겼다. 직감적으로 이 물건에 대한 고급정보를 얻을 수 있겠다는 기대감이 왔다.

'김밥 한 줄 가지고 안 되겠는걸?'

메뉴판을 보니 김밥 이외에는 거의 다 라면이나 쫄면 같은 밀가루 음식이다. 끙, 나는 한숨을 쉬었다. 사실 밀가루 음식을 거의 즐기지 않는다. 고교 시절부터 자취하느라 불어터진 라면과 찬밥으로 때운 수많은 끼니 때문이다. 라면의 ㄹ자만 봐도 꼬인 면발이 생각나 속이 불편하다.

그러나 '라면 트라우마'에 빠져 있기에는 분식집 아주머니가 풍기는 고급정보의 아우라가 너무도 강했다. 지금 라면이든 쫄면이든 가릴 때가 아니다. 김밥만 시키려던 애초의 계획을 라면, 떡볶이, 김밥 3종 세트로 변경했다.

잠시 후 아주머니는 음식을 가져오면서 함박웃음을 지었다.

"식성이 좋으신가 봐요. 혼자 오신 분이 이렇게나 많이 드시니."

라며 말까지 건넨다.

나는 이때다 싶어

"배도 고프고 아주머니 음식 솜씨가 왠지 좋을 것 같아서 평소보다 더 많이 시켰습니다."

"다들 제 음식솜씨가 좋다고들 해요."

칭찬은 고래도 춤추게 한다더니, 음식 솜씨 언급 한 마디에 아주머니 얼굴에서는 낯선 이에 대한 경계심이 모두 사라져 있었다.

"이곳에서 장사하신 지 오래되셨나 봐요?"

"얼추 10년 넘게 했지요."

"10년 내공이라, 어쩐지 음식솜씨가 좋더라니."

나는 연신 비행기를 태웠다.

"아주머니, 이 근처에 사우나 찜질방 없나요?"

"왜요? 목욕하시려고?"

"네, 오늘 몸이 찌뿌듯해서 땀 좀 뺄까 해서 왔더니, 저 앞 건물 사우나 문이 닫혀 있더라고요."

"거기 장사 안 해요. 1년도 넘었는데…. 에구, 좀 알아보고 오시지."

"위치나 시설 다 좋아 보이는데 왜 열지를 않지요?"

"여러 명이 동업을 했나 봐요. 자기들끼리 싸움이 붙어서 그중 한 사람이 뭐 가처분인가? 그런 걸 했다나. 법원 직원이 나와 딱지 붙이고 난리 났었다니까요. 우리처럼 장사하는 사람들은 사우나가 코앞에 있으니 좋았는데. 이렇게 닫아 버리니 정말 불편해요."

"근처에 다른 사우나는 없나요?"

"있긴 있어요, 저 큰길 건너에 하나. 그런데 시설이 여기만 못 해. 길 건너기도 번거로우니까 다들 잘 가지 않네요."

"흠, 과연."

오늘 만난 두 아주머니가 준 정보와 말을 종합해보았다.

자, 이 사우나 건물은 문을 닫고 장사를 하지 않은 기간이 벌써 1년을 넘고 있다. 아예 자물쇠로 잠가두어 출입 자체가 불가능하다. 이는 비록 공사를 마쳤다 하더라도 유치권자가 점유하고 있지 않은 상태이므로 유치권 자체가 성립되지 않음이 분명했다. 그러나 모든 결론을 내기는 아직 이르다.

Scene **05** 진짜
유치권일까?

;모든 유치권이 허위는 아니다

생각에 잠겨 있는데 뜬금없이 영화 〈형사 콜롬보〉가 떠올랐다. 옛날부터 좋아하던 영화인데, 콜롬보 형사는 늘 복잡한 사건들을 새로운 각도로 해결한다. 상대 범인들은 예외 없이 천재적인 머리로 완전범죄를 꿈꾸는 인물들로 용의자 선상에도 좀처럼 오르지 않는다. 하지만 낡은 트렌치코트를 입은 부스스한 아저씨, 콜롬보 형사는 이런 지능범들을 꼼짝 못 하게 만든다. 동물적 감각에 의한 예리한 추리, 객관적 증거 분석 덕분이다.

경매계에 콜롬보 형사가 나타난다면 어떻게 물건을 판단할까? 그이는 아마도 서류에 적힌 말들을 곧이곧대로 믿지는 않을 것이다. 그리고 현장에 가서도 눈에 너무 쉽게 띄는 사실만으로 성급한 판단을 내리지 않을 터이다. 결정적인 증거 Smoking gun! '아직 총구 끝에서 연기가 피어오르고 있다'. 범죄 혐의를 입증하는 직접적이고 확실한 증거라는 의미 외에, 가설을 증명해 주는 과학적인 근거라는 뜻으로도 쓰인다. 셜록 홈즈 시리즈 〈글로리아 스코트호〉(The Gloria

PART 2. 19억 짜리 상가를 2억에! 81

Scott, 1893년 작)에 기원을 둔다 를 기다려야 한다.

경매 초보자들은 종종 탄탄한 기초지식도 없이 신고된 유치권을 우습게 본다. '법원에 신고된 유치권 대부분은 허위'라는 논리다. 시중에 나와 있는 일부 서적이나 학원 강사들의 말을 검토 없이 받아들인 탓이다. 현장에 가보지도 않고 무턱대고 입찰에 참가하고, 나중에 낙찰받고 나서야 진짜 유치권이라는 것을 알고 당황한다. 거액의 입찰보증금을 포기하는 상황도 종종 목격한다.

절대 남의 말만 믿지 말고 자신이 힘겹게 발로 뛰어 눈으로 확인한 사실만을 믿어야 한다. 입찰하여 물건을 낙찰받고 나면 그 후 따라오는 결과가 엄청난 수익이든, 뼈아픈 손해이든 모든 책임은 자신에게 있기 때문이다. 따라서 이 사우나의 유치권 존재 여부에 대해서도 좀 더 확실하고 객관적인 물증이 필요했다.

'어떻게 하지?'

하지만 텅 비고 문까지 잠근 사우나에서 무얼 더 캔단 말인가. 그때 뇌리에 스쳐 가는 한 사람이 있었다.

'아…아까 그 노인! 그 건물에서 가장 오래 일했다던…'

그래, 그 사람이라면 오늘 만난 아주머니들을 훨씬 능가하는 정보를 가지고 있을지도 모른다.

Scene 06 오늘의 지원군은 통닭과 소주

;하나씩 밝혀지는 유치권의 비밀

이미 주위는 어두워져 한밤중이 되었지만 긴 하루는 끝날 기미가 보이지 않았다. 나는 근처 통닭집에서 통닭 한 마리와 소주 2명을 사 들고 낮에 보았던 주차장 입구에 붙어 있는 관리실을 찾았다. 작은 사무실 안에서 낮에 본 노인이 텔레비전에 몰입 중이었다.
"안녕하세요?" "…. 어디서 오셨나요?"
낯선 이가 밤에 찾아와서 그런지 경계하는 모습이 역력했다. 들고 온 통닭과 소주를 내밀며, 직구를 날렸다.
"이곳 사우나를 한번 운영해 보고 싶어 왔습니다."
노인은 잠시 내 발끝부터 머리끝까지 자세히 살펴보더니,
"젊은 분이 돈이 많으신가 봐요." 했다.
"돈은 많지 않지만, 가격이 많이 내려가 한 번 해볼까 해서 찾아왔습니다. 어르신 식사 안 하셨으면 부담 갖지 마시고 사온 통닭 좀 드세요."

라며 얼른 닭 다리를 하나 집어서 건넸다.

"젊은 사람이니까, 열심히 하면 밥 먹고 살 정도는 나올 텐데……."라며 말꼬리를 흐린다. "이전 주인은 좀 연세가 있으신 분이었나 보네요."

"원래부터 장사가 잘되던 곳이야. 그런데 나이만 먹고 장사 수완도 없는 사람이 들어와 지금 이 모양이지."

소주 한 병을 재빨리 따 건네며 자초지종을 물었다.

"여럿이서 공동투자인가 뭣이 긴가로 경매를 받아서 운영했잖아. 서로 다투기만 하다. 결국, 재판까지 가고…. 다시 경매에 나오게 되었다오."

"…그랬군요. 그럼 지금은 아무도 거주하지 않나요?"

"작년에 법원에서 사람들이 나와 장사 못 하게 하고 자물쇠를 채워 우리가 보관하고 있어. 건물 안에는 개미 새끼도 한 마리 없어."

어느덧 소주 한 병이 나 비고 부 명째노 점점 줄어든다.

마시는 술잔 수에 비례해 어르신과 나와의 거리감도 점차 없어지고 있었다. 나는 다시 조심스럽게 기회를 살폈다.

"어르신, 사우나 내부를 좀 볼 수 없을까요?"

"뭐하시게?"

"제가 가진 돈이 간당간당하다 보니…. 아무리 경매로 싸게 산다고 해도 걱정이 많습니다. 만약 사우나 안쪽 시설이 엉망이라 수리비가 너무 많이 나오면 돈이 부족할 것 같습니다."

"손볼 데는 없을 텐데? 현 소유자가 낙찰받고서 싹 새로 수리했거든."

이 또한 반가운 이야기였다.

"그렇지 않아도 몇 명이 보러 왔었어. 낮에 한창 바쁠 때 찾아왔기에 모른다고 해버렸더니 죄다 발길을 돌렸지만. 저녁엔 관리소장도 없으니 내 특별히 보여줌세. 그래도 누구한테 이야기는 하지 마시게."

손전등을 들고 지하로 내려가 드디어 사우나 안으로 들어갔다. 주위는 온통 컴컴하지, 뚝뚝 가늘게 물방울 떨어지는 소리와 바람 소리, 발걸음 소리가 간간이 섞여 무슨 공포 영화의 한 장면 속에 있는 듯했다. 전기료 체납으로 단전 상태라 조명이 켜지지 않은 탓에 자세히 들여다보지는 못했지만, 생각보다 양호한 상태임은 분명했다. 노인과 다시 사무실로 올라와 아직 끝내지 못한 술자리를 이어갔다. 노인은 본격적으로 이런저런 이야기보따리를 풀어 놓았다. 군대 시절 이야기부터 자식 이야기까지 두어 시간을 더 들어드리면서 머릿속을 정리했다.

첫째, 현재 주인이 공사하기는 했다. 그러나 공사업자에게 공사비는 이미 지급했다.

둘째, 여러 명이 공동 투자 형식으로 경매에서 낙찰받은 물건이다. 소유자는 박OO. 경영권 다툼이 이어지다 결국은 그중 한 명인 최OO이 법원에 소송을 제기하여 지금까지 영업하지 못하고 있다.

셋째, 관리비와 전기료 등을 내지 않아 단전·단수 상태. 이 때문에 관리사무소는 법원에 소송을 제기했고 승소판결을 받았다. 이 과정에서 입주자대표와 관리소장 사이가 나빠져 최근 관리소장이 교체됐다.

넷째, 입주자들은 하루라도 빨리 새로운 주인이 나타나서 사우나 영업을 정상적으로 하길 바란다.

오늘 현장조사에서 파악한 사실들이다. 흠, 나쁘지 않다.

낮부터 시작하는 현장학습은 해질녘까지 이어진다

Scene 07 유치권 확인사살

;요구하기 전에 사람의 마음부터 열어라

경매란 제도의 장점은 여럿 있지만 그중 하나가 역동성이다. 경매 하다 보면 똑같은 물건은 하나도 없다. 물건들도 각기 전혀 다르고 거기에 사는 사람도 각양각색이다.

좋은 사람도 있지만 더러는 악한 사람도 있다. 공사는커녕 자기 손으로 못 하나 박지 않아 놓고 허위로 유치권을 신고한 사람, 단지 주민등록상 전입신고 날짜가 앞서는 점을 악용해 선순위 위장임차인을 만드는 사람…가짜를 진짜인 양 주장하는 사람들이 널려 있다.

하지만 나는 권리상 하자가 없는 평범한 물건보다는 이런 위험요소가 있는 물건들을 더 좋아한다. 겉으로 봐서는 용의자처럼 여겨지지 않는 사람을 집요하게 찾아가 끝내 실체를 벗겨 내고야 마는 형사 콜롬보가 내 우상 아닌가. 어려운 물건을 한 손에 쥐고 수많은 사람을 만나 하나하나 즐기면서 해결하다 보니 어느덧 경매세계에서 형사 콜롬보가 되어 있었다…. 고 말하면 자아도취인가?

지하철을 타고 집으로 돌아오는데 4억 4,700만 원으로 신고된 유치권을 한 푼도 안 물어 줘도 된다는 기쁨에 날아갈 듯 몸과 마음이 가벼웠다. 결정적인 단서를 찾았다는 자부심이 나를 붕붕 띄워주고 있었다.

다음 날 아침 일찌감치 해당 법원 경매계로 담당자를 만나러 갔다. 왜 이전 낙찰자가 거액의 입찰보증금을 포기하면서까지 잔금을 내지 않았는지 이유를 알아보기 위해서였다. 경매계로 가보니 경매계장은 수험생처럼 서류뭉치 속에 코를 파묻고 있다. 어느 법원이나 경매계장들은 고3 수험생처럼 활자와의 싸움을 치르는 듯하다.

미리 사간 따뜻한 커피를 내밀며 밝게 말을 걸었다.

"계장님~ 안녕하세요?"

미인이었으면 좀 더 잘 통했으러니? 낯선 이가 찾아와 뜬금없이 커피를 내밀면서 인사를 하니 습관적인 무표정한 얼굴에 사무적인 목소리가 돌아온다.

"무슨 일로 오셨나요?"

원래 해당 물건의 이해관계인이 아니면 사건기록부를 열람할 수 없는 게 원칙이다. 하지만 일단 부딪혀보라는 말이 있다.

"죄송합니다. 그래도 처음 해보는 경매라 염치불구하고 왔습니다."

그러자 경매계장은 사건기록부는 보여줄 수 없지만 뭘 알고 싶으냐고 물었다.

"왜 이전 낙찰자가 보증금까지 포기하면서 매각대금을 내지 않았는지 알고 싶습니다."

잠시 뜸을 들이던 계장은 사건번호가 뭐냐고 묻더니 잠시 기다리라고 했다. 한동안 서류를 이리저리 살펴보더니 본인도 특별한 이유는 잘 파악되지 않는다고 한다.

"글쎄요, 왜인지는 모르지만 여러 경로로 매각불허가를 해 달라는 부탁이 들어왔었던 물건이네요. 하지만 그럴만한 특별한 사유가 없어서 받아들이지 않았습니다."

역시 내 예상대로 점점 들어맞아 가고 있었다.

"아마도 잔금을 낼 여력이 되지 않았을까 싶은데요?"

OK! 이 정도 답이면 충분했다. 그토록 궁금하던 매각대금 미납사유를 드디어 알아냈다.

여기서 한 가지 꼭 말하고 싶은 사실 하나. 입찰하고자 하는 사람은 이해관계인이 아니므로 사건기록부를 열람할 수가 없다는 이야기는 이미 위에서 했다. 하지만 기록부를 못 보면 유치권이 신고된 내용은 물론 매각대금 미납으로 인한 재경매 사유 등은 알 도리가 없다. 그래서 어떻게든 이런 내용을 알아내려고 전화로 해당 경매계에 문의하는 사람들이 많다. 하지만 처지를 바꿔놓고 생각해 보라. 가뜩이나 업무가 많은데, 여러분이 경매계 직원이라면 쉽게 알려주겠는가?

실정법이 걸림돌이 되는 상황이 이따금 일어난다. 법을 융통성 없게 받아들이면 좌절하는 날도 많다. 하지만 사람 나고 법 났지, 그 반대는 아니다. 어디 사람 일이 전부 법으로만 되느냐는 말이다. 경매계에서 일하는 사람들도 인간이다. 게다가 공무원들은 본인 책임 아래 재량사항이 꽤 많다. 해당 공무원에게 재량사항 내에서 인간적으로 접근한다면 원하는 정보를 알아낼 때가 자주 있다. 고마움을 표시할 음료수라도 하나 사 들고 간다면 성공 확률은 더욱 높아진다.

   세상에 공짜는 없다. 우리에게 아무 조건 없이 무언가를 베풀어 줄 사람은 아무도 없다. 부모님을 제외하면.

Scene 08 밀린 관리비가 6,500만 원이라고?

;간과하기 쉬운 함정, 밀린 공과금

드디어 경매라는 지뢰밭에서 지뢰를 모두 제거한 상태, 이제는 낙찰금액을 얼마 쓰느냐가 남았다.

사우나 낙찰가를 얼마로 쓸지 고민하고 있는데 우연히 후배 하나가 찾아왔다. 모 부동산경제연구소장인 이 후배는 일반인들에게 경매컨설팅을 해주고 수수료를 받는다. 그만큼 경매계에서는 선수이자 프로다. 내가 끙끙대고 있는 모습을 보더니 슬쩍 서류에 눈을 던지며 운을 뗀다.
"선배님, 이 물건 제가 잘 압니다."
"어. 어떻게 알아? 혹시 이번에 입찰해?"
절레절레. 고개를 가로젓는다.
"제가 컨설팅해서 낙찰을 받아준 물건이에요. 그런데 유치권이 묶여있으니 은행들에서 잔금대출을 해주지 않아서…. 의뢰인이 잔금을 납부하지 못했습니다."라고 의외의 답을 했다. 나는 현장에 다녀온 사실과 놀란

BOX 5

생각보다 쉬워! 단계별 경매 공략법

물건선택 → 권리분석 → 입찰가 산정 → 명도

어려워서 엄두가 나지 않아요
경매 초보자들이 가장 어렵게 생각하는 부분은 권리분석과 명도 단계다. 반면 경매 고수들은 물건선택과 입찰가 산정단계가 더 어렵다고들 한다. 무슨 차이일까?
흔히 초보자들은 서류에 적혀 있는 복잡한 권리들을 보며 지레 겁을 먹는다. 자신이 인수해야 하는 권리인지, 아니면 소멸하니까 안심해도 되는지 판단이 가지 않기 때문이다. '권리분석은 어렵다'고 한숨 쉴 만도 하다.
그러나 모르시는 말씀, 사실은 제일 쉬운 것이 권리분석이다. 권리분석을 할 줄 몰라도 경매에 참가할 수 있다고 하면 믿을까?

법원 서류는 친절하다?
'경매'는 채권자를 위해서 만든 제도이다. 이들의 채권을 확보해주려면 누구나 쉽게 경매에 입찰할 수 있어야 한다. 그래서 법원은 매각물건명세서를 만들어 매각기일 일주일 전부터 모든 사람이 볼 수 있도록 비치·열람하게 한다. (민사집행법 제105조). 이때 등기된 부동산에 대한 권리나 부동산의 점유자와 점유의 권원, 점유할 수 있는 기간, 차임, 보증금 등이 인수하는지 아니면 소멸하는지 매각물건명세서에서 정확하게 적혀 있어야 한다.
예를 들어 임차인 미상, 임차보증금 미상으로 적혀 있었다 치자. 그 물건을 낙찰받았는데 나중에 들러보니 임차인이 있고 그 보증금을 인수해야 한다면? 이는 '매각물건 상의 중대한 하자'에 해당한다. 이를 이유로 매각불허가 신청하면 입찰보증금을 반환받을 수 있다. 한마디로 권리분석은 한글만 이해하면 어려울 것이 없다.

명도? 사람들을 어찌 내보내죠?
경험이 없으면 가장 겁나는 부분이 낙찰받은 부동산에 버티고 있는 사람들을 내보내는 것이다. 이를 명도라 하는데, 소위 조직폭력배나 용역 건달 등이 훼방을 놓으며 끼어든 일화들이 떠오르는 단계기도 하다. 그러나 대한민국 법이 생각보다 만만치 않으니 안심하라. 현행 민사집행법에 따르면 '집행관이 집행을 함에 있어 집행을 방해하는 저항을 받을 때에는 경찰 또는 국군의 원조를 청구할 수 있다.'(법 5조 2, 3항, 규칙 4조)라는 규정이 있다. 글쎄, 제아무리 조 폭에 건달 할아버지라도 군대와 탱크를 이길 수 있을까? 명도는 법에 맡기고 그에 따르는 비용만 지급하면 된다. 법대로 하지 않고 인간적으로만 접근하려고 하니 어렵게 느껴질 뿐이다.

로또 맞추기보다 어려운 낙찰가 산정

그러면 경매 고수는 아무런 어려움이 없느냐 하면, 그렇지도 않다. 좋은 물건은 고수 눈에도 잘 띄지 않는다. 가까스로 물건을 골라도 입찰가격을 정할 때면 머리를 싸매기 마련이다. 이런 속도 모르고 학생들은 눈을 자신의 물건 권리 분석 후 초롱초롱하게 빛내며 이렇게 묻는다.

"원장님, 얼마를 쓰면 좋을까요?"

(아니, 내가 그걸 다 알면 여기 있겠나? 전국 경매 물건들을 다 받아버리지!)

기색을 감춘 채 태연하게 물었다.

"그래? 현장에 가서 조사해 봐야 알겠지만, 서류상으로만 보면 허위 유치권 같은데."

"제가 탐문 조사해 보니 공사는 정말 했어요. 다만 점유는 하지 않고 있으니 유치권은 큰 문제가 없다고 보고요."

아, 이 친구도 유치권에 대해서는 걱정하지 않고 있었구나. 한시름 더 놓는 순간 들리는 이야기는 그다지 좋은 소식이 아니었다.

"…. 그런데 더 큰 문제가 있었지요."

더 큰 문제? 나는 후배를 물끄러미 바라보았다.

"사우나 앞으로 밀린 관리비가 엄청나서 입주자대표회의가 재판을 걸었답니다. 변호사를 선임하고 확정판결까지 받아 놓았어요."

"아니 얼마나 체납했기에 변호사 선임까지 했어?"

"놀라지 마세요. 자그마치⋯ 6,500만 원이요."

"뭐?"

호기심에 찬 내 반응이 뜨거워지자 후배의 이야기는 물이 올랐다. 마치 본인만 알고 있는 비밀을 알려준다는 듯이 신이 나 있다.

"법원에서 확정판결까지 받았으면 낙찰자가 물어줘야겠네?"

"아마도요."

"6,500만 원을 몽땅 다?"

"네, 그럼요. 확정판결인데⋯당연히 물어줘야 하겠지요?"

후배의 말을 요약하면 이랬다.

컨설팅 의뢰받아 이 사우나를 낙찰받았는데, 유치권 신고 때문에 은행에서 잔금대출을 해주지 않았다. 고심하다가 체납관리비 6,500만 원의 존재까지 알아버렸고, 결국 입찰보증금을 포기하고 잔금납부도 하지 않은 것이다.

뜻밖에도 전혀 예상치 않은 곳에서 알짜정보를 얻을 수 있었다.

경매를 업으로 삼고 있는 후배 정도의 전문가도 포기할 물건이라면 경매 초보자들이나 일반인들은 들어오지 못하리라. 나는 자신감을 갖고 이 건을 의뢰했던 치과의사 이 원장을 불렀다.

지금까지 조사하고 들었던 사항들을 설명하면서 낙찰가에 대해서도 조언을 해주었다. 이 물건은 일반인이 들어오기 어려우므로 최저가에 조금만 꼬리를 달자고 했다.

"저는 원장님이 말씀하시는 금액대로 무조건 쓰겠습니다."

이제 원칙은 정해졌다. 최저가에 가까운 금액으로 하되, 구체적인 금액은 입찰 당일 분위기를 보고 결정하기로 했다.

Scene 09 드디어 낙찰이다!

;낙찰 후에도 할 일이 많다

이른 아침의 인천법원은 여느 날과 다름없이 입찰 참가자로 북적댔다. 그동안 변동 사항은 없는지 확인하기 위해 매각물건명세서부터 열람해봤다. 바뀐 사실은 없고 재매각 물건이므로 입찰보증금이 최저가의 20%라는 예외 조항만이 보인다.

입찰봉투를 받아서 법정 밖으로 나오는데, 어느 학원에서 경매법원 견학을 나왔는지 한 무리의 사람들이 눈에 띄었다.

병아리들이 엄마 닭을 졸졸 따라다니듯 스무 명 남짓한 사람들이 열심히 메모하며 한 사람을 따라다녔다. 그 모습을 보니 옛날 생각이 나서 나도 모르게 웃음이 나왔다.

아주 오래전, 경매를 배운답시고 일명 경매 고수라는 사람들을 찾아다닌 적이 있다. 그때 낙찰자의 변제 책임에 대해 질문을 자주 했다.

"이건 왜 낙찰자가 물어줘야 하나요?"

그러면 몇몇 경매 고수라는 분들은 이유는 설명해 주지도 않고
"물어줘야 하니까 물어주지!"
하며 귀찮다는 듯이 짜증을 내기 일쑤였다. 당시 경매를 한다 하는 사람들은 대부분 법원 안이나 근처에서 발로 배운 지식이 전부였다. 여기저기서 얻은 귀동냥을 바탕으로 입찰에 임할 뿐, 체계적인 배움은 아예 없었다 해도 과언이 아니다. 경험이 쌓여 대략 이런 경우에는 물어줘야지, 하고 알고 있지만, 논리적으로 따지고 들면 할 말이 없어진다. 그래서 짜증을 내지 않았나 싶다. 바꾸어 말하면 요즘 경매를 배우는 사람들은 행운이다. 서울만 해도 경매를 체계적으로 가르쳐 주는 곳이 꽤 있다. 경매를 배우고 싶다면 망설일 필요가 없다.

최종결정! 최저가에 22만 원을 덧붙인 2억 2,355만 원을 적어 투찰함에 넣고 나왔다. 지난 며칠간의 일이 주마등처럼 뇌리를 스쳤다. 이 물건 하나를 낙찰받기 위해서 인천 주안을 수없이 왔다 갔다 하면서 수많은 사람을 만나봤다. 결과에 상관없이 낙찰을 받기 위해 최선을 다했다고 생각하니 마음이 조금씩 편해졌다.

입찰 마감을 알리는 종이 울리고, 개찰 준비가 이어졌다.

드디어 집행관이 씩씩한 목소리로 개찰을 알렸다. 어쩐지 오늘은 낙찰될 것 같은 예감이 들었다.

"20**타경5****에…"

오늘 따라 이 순간이 어찌나 길게 느껴지는지. 숨을 죽이고 기다린다.

"서울 강남구 이○○씨가 2억 2,355만 원에 단독 입찰하셨습니다."

단독입찰! 어느 정도 예상은 했지만, 막상 현실로 다가오니 실감이 나

지 않아 잠시 우두커니 서 있었다.

"이○○씨 대리인 앞으로 나오세요."

집행관 앞으로 나아가 간단한 절차 몇 가지를 마치고 들어온다.

"20**타경5****호 사건에 관한 입찰절차가 종결되었습니다."

다시 한 번 들리는 집행관의 목소리에 비로소 멍한 상태에서 벗어나 기분이 들떴다. 좋은 물건을 좋은 금액에 낙찰받았다.

아, 바로 이 맛이다.

하지만 손뼉 치며 좋아만 하기엔 소소히 처리해야 할 일이 많이 남아 있었다. 일단 이 부동산에 관련된 채권액 합계가 불과 6억 1,479만 4,480원이다 보니 혹시 매각이 취소되지 않을까 걱정이 되었다. 잔금 납부 때까지는 해당 물건에 발을 끊기로 했다.

이후 즉시항고 기간이 끝나자마자 해당 경매계에서 발부받은 잔금인 납통지서를 가지고 바로 다음날 잔금을 다 냈다. 이렇게 서두른 이유는 채권액 합계와 경매 신청채권금액(5,000만 원)이 너무 적기 때문이었다. 이러면 채무자가 채권액을 변제하고 경매를 취하해 버리기도 한다. 그러면 좋은 금액에 받은 낙찰이 물거품이 되어버린다.

이제는 다시 현장으로 발걸음을 옮길 차례다.

Scene 10 껄끄러운 관리소장

;누구나 나를 도와주지는 않는다

잔금을 내고 대금완납증명을 받자마자 사우나 건물 관리소장을 만나 보기로 했다. 아 참, 관리사무실로 가기 전에 들러야 할 곳이 있다. 그날 밤 친절하게 사우나 내부를 보여 주었던 어르신이 계신 경비실이다. 다시 한 번 인사를 드리는 게 도리인 듯해 근처에서 파는 만두와 우유를 사 들고 찾아갔다.

"제가 여기를 낙찰받았습니다." 라고 말하니 어르신은 반갑게 맞아주면서 나보다도 훨씬 기뻐하시는 게 아닌가. 오늘 찾아온 용무를 듣더니 직접 관리사무소로 안내까지 해주신다.

"안녕하세요? 관리소장님 좀 만나러 왔습니다."

"어디서 오셨어요?"

여직원이 사무적인 말투로 물었다.

"소장님 좀 만나러 왔습니다."

"무슨 일로……."

"이 건물 지하 사우나 낙찰자입니다."

"어머, 예, 잠깐만요."

오가는 잡상인이나 입주자들만 대하던 여직원은 '낙찰자'라 하니 조금 놀란 모양이었다.

"아까 식사하러 가셨는데, 곧 돌아오실 시간 이내요. 기다리시는 동안 차 한 잔 드시겠어요?"

차를 사양하고 찬물을 들이켜고 있는데 이내 한 중년 남자가 사무실로 들어왔다. 관리소장이었다.

"소장님, 이 분이 사우나 낙찰받으셨다고 하네요."

"아! 안녕하세요. 축하합니다."

"고맙습니다. 소장님, 잔금도 다 냈으니 사우나 출입문 열쇠를 받으러 왔습니다."

"…그건 곤란합니다."

완강한 거절이었다. 나는 가지고 간 잔금완납증명서류를 보이면서 '사우나는 이제 내 소유물'이라는 메시지를 압박했지만 소용없었다. 소장은 자신이 이곳에 온 지 얼마 되지 않았으며, 관리비 연체 문제를 해결해야 열쇠를 준다는 말만 반복했다.

짐짓 모르는 척하면서 질문을 던져 보았다.

"소장님, 관리비가 대체 얼마나 밀렸기에 그러십니까?"

"저는 잘 모르고요, 모든 일은 변호사에게 맡겼으니 그쪽과 상의해보십시오." 결국, 자기는 아무런 권한도 아는 것도 없다는 식이었다.

슬슬 화가 올라왔지만, 다시 꾹 눌렀다.

"그 변호사 사무실이 어디 있습니까?"

그제야 변호사 명함을 한 장 건네준다.

인천법원 앞에 있는 법무법인 ○○이었다. 명함을 챙겨 넣으며 차근차근 이야기를 꺼냈다.

"좋습니다. 변호사님과 상의해 보죠. 소장님은 그전에 저에게 해 주실 일이 두 가지 있습니다."

"무슨 일이신가요?"

"먼저 내일까지 밀린 관리비 중에서 공용부분 관리비만 따로 뽑아 주세요. 그리고 또 하나, 이 시간 이후는 저 아닌 어떤 사람도 사우나에 들어가지 못하게 해주십시오. 열쇠도 물론 주시면 안 되고요."

"예 예, 알겠습니다. 그런데 관리비 문제는 변호사에게 모두 위임해서 저는 전혀 모르는데요? 직접 알아보셔야 합니다."

모조리 변호사에게 떠넘기면서 모르쇠로 일관하는 소장의 태도는 정말 거슬렸다. 하지만 '참을 인(忍)'자 세 번이면 화를 면한다지 않나. 한 번만 더 참자.

"보십시오, 소장님! 주택관리사 공부하셨지요? '전 소유자의 체납관리비는 낙찰자에게 공용부분만 승계된다'는 대법원 판례와 공동주택관리규약을 배우신 적 있습니까, 없습니까?"

갑자기 전문용어인 대법원 판례와 공동주택관리규약을 들먹이니 순간 당황하는 기색이 역력했다. 멍한 표정을 짓더니

"네…? 아, 배, 배우기는 배웠지요."라고 얼버무린다.

"소장님, 제가 연체료를 내지 않겠다고 했습니까? 그 밀린 돈 중에 공용부분을 뽑아 줘야 제가 변호사랑 타협을 하든지 소송을 하든지 하지요!"

눈에 살짝 힘을 주었다. 소장은 조금 전보다는 다소 누그러진 태도로 공손함까지 보였다. 즉시 옆에 있는 여직원에게 언제쯤 가능할지를 묻는다. 진작 그렇게 좀 해주지.

"내일까지 뽑아 놓을 테니 오전 중에 오셔서 가져가시면 되겠습니다."

그렇게 관리사무소를 나오면서 변호사 사무실 명함을 주머니에서 꺼냈다. 또 다른 라운드의 시작인가?

Scene 11 단칼에 물리친 허위 유치권자

;지식은 언제나 힘이 된다

안녕하세요, 나 변호사님 사무실인가요? 변호사님 계십니까?
"지금 재판에 가셨는데요, 어디 시라고 전해드릴까요?"
"주안동에 있는 OO 사우나 때문에 전화 드렸는데요. 그러면 언제쯤 들어오실까요?" "글쎄요, 정확한 시간을 알려주지 않고 가셔서… 연락처 주시면 들어오시는 대로 전화 드리라고 전하겠습니다."

휴대전화 번호를 남겨놓고 전화를 끊었다. 계속 여기서 기다릴 수도 없으니 서울로 다시 가는 수밖에. 전철역 쪽으로 걸음을 옮기는데 진동이 울린다.

"여보세요."
"안녕하세요! 사우나 낙찰받으신 분이지요?"
"네, 그런데요. 실례지만 누구시죠?"
"…그 물건에 유치권 신고된 것 아시지요?"

순간 느낌이 왔다. 이 사람이 바로 유치권 신고자구나. 하지만 일부러 모르는 척 물었다.

"네? 무슨 유치권이요?"

"하 참. 매각물건에 유치권 신고되었다고 쓰여 있었잖습니까."

"아, 그랬나…. 그런데요?"

"그거 낙찰자가 물어줘야 하는 부분이에요."

"누가 그러던가요?"

"법에 그렇게 나와 있어요."

"지금 전화해 주신 선생님께선 경매에 대해 잘 아시는 분이군요?"

질문을 곧이곧대로 들은 상대방은 벌써 나를 경매 왕초보로 생각하는 기색이 역력했다. 주절주절 유치권에 대한 이야기를 이어갔다.

나는 말을 끊고 단도직입직으로 날렸다.

"… 선생님, 교도소에 가고 싶으십니까?"라고 했다.

수화기 너머 일순 정적이 흘렀다. 다시 입을 뗀 상대는 황당하다는 말투였다.

"그게 무슨 말입니까?"

"경매를 잘 아시는 분 같으니 그냥 간단하게 말씀드리지요!"

나는 일부러 속사포처럼 빠른 목소리로 말을 이어갔다.

1. 채권자인 농업협동조합중앙회가 유치권이 없다는 권리배제신청서를 법원에 제출했다.

2. 소유자 겸 채무자인 박 모 씨가 채권자인 농협에 제출한 확인서를 보면, 유치권자가 제출한 유치권 신고는 사실무근이다.

3. 유치권자가 실제로 공사를 했다. 쳐도 관리실에서 6개월 이상 폐쇄하여 점유하고 있지 않으니 유치권이 성립되지 않는다.

내가 설명하는 사이사이 귓가에는 유치권자의 끙, 하는 앓는 소리만 들려왔다.

실제로 최근 사법당국은 허위 유치권자를 강력하게 처벌하려는 의지를 갖추고 있다. 바로 같은 지역인 인천지방법원에서 허위 유치권자에게 징역 1년 실형을 선고한 판례까지 알려주었다.

논리적으로 밀린 유치권자는 역정을 내기 시작했다.

"처음 보는 사람에게 지금 막 나가자는 거예요? 이래도 됩니까?"

"선생님, 막 나간다니요. 저는 선생님이 이런 우를 범하실까 봐 미리 주의를 드리는 것뿐입니다."

"알았다고요!"

빽 고함과 함께 전화는 끊어졌다. 어리바리한 초보가 낙찰받았으면 한 몫 챙기려 했던, 뭔가 뒤가 구린 유치권자가 제풀에 나가떨어졌다.

그 이후로는 단 한 번도 이 유치권자의 얼굴을 본 적도, 전화를 받은 적도 없다.

다시 휴대전화 진동이 요란하게 울린다. 참으로 바쁜 날이다.

"유영수 선생님이십니까?"

"네, 접니다만."

"나 변호사 사무실의 박 사무장이라고 합니다. 전화 주셨다고 해서요."

"저는 주안에 있는 사우나를 낙찰받은 사람입니다. 밀린 관리비 때문에 만나 뵈려는데…변호사님 시간이 언제 나실까요?"

"그 건은 제가 맡고 있으니 제게 말씀하시면 됩니다."

그렇게 해서 출장 중인 박 사무장이 돌아오는 나흘 후로 약속을 잡았다. 드디어 협상 테이블에 앉게 된다!

Scene **12** 협상 전,
       상대부터 파악하라

;무조건 법만 앞세우지 말라

지하철을 타고 집으로 오면서 머릿속을 정리해보았다. 유치권은 이미 해결되었다는 확신이 들었다. 그리고 이제 만만치 않은 금액, 6,500만 원의 관리비가 남아있다. 이제 또 뭐가 있을까?

다음 날 오전 박 사무장에게서 갑자기 전화가 왔다. 오늘 볼 수 있단다. 나는 곧바로 관리사무실로 찾아가 밀린 관리비 명세서를 받았다.

부과액 6,588만 930원에 연체료도 무려 1,132만 2,850원! 다 합하면 7,720만 3,780원이나 되는 금액이었다. 아니 대체 얼마 동안 밀리면 이런 금액이 된단 말인가? 명세서를 훑어보니 무려 51개월 치였다. 4년 하고도 3개월 동안 관리비를 내지 않고 버텼다는 이야기다. 턱이 빠질 노릇이었다.

그래서 관리소장에게서 즉시 따졌다. 공동주택규정에 따르면 관리비가 1회 미납되면 구두 또는 서면으로 경고하고, 2회 연체되면 연체내용을 복도 게시판에 게재하며, 3회 연체되면 전기·수도를 끊을 수 있다.

"4년이 넘도록 관리실에서는 뭘 했나요? 이해가 가지 않는데요."

관리소장 왈,

"죄송하지만 여기 부임한 지 한 달밖에 지나지 않았습니다. 전임소장이 한 일이니 잘 모르겠네요." 란 다. 여기서 따져봐야 내 입만 아플 것 같아 바로 변호사 사무실 발길을 돌렸다.

이제 곧 협상 테이블에 앉게 되리라. 밀린 관리비를 그 위에 올려놓고 법률전문가와 승부를 낸다…. 전략이 필요했다.

나는 경매를 잘 모르는 상대를 대할 때는 절대로 경매전문가티를 내지 않는다. 오히려 경매를 처음 대하는 초보인 양 행동하며 최대한 상대방의 이야기를 모두 들어준다. 이 과정에서 웬만한 사건은 아무런 탈 없이 해결된다.

반대로 상대방이 법률지식에 해박한 변호사나 법무사, 또는 경매 대행업체 같은 전문가라면? 그런 '경매선수'들을 대할 때는 나도 전문가라는 점을 기꺼이 내보인다. 대한민국 대표 경매부동산 전문교육기관인 〈서울부동산칼리지〉 원장 직함이 찍힌 명함부터 건넨다.

그러면 사람들은 받아든 명함과 내 얼굴을 번갈아 들여다보면서 태도가 달라진다.

"경매 전문가시군요." 하는 인사말과 함께.

서로 전문가인 만큼 딱 집어 요점만 이야기해도 일사천리로 이야기가 진행된다. 일 역시 수월하게 끝나는 경우가 많다.

지금 만나러 가는 박 사무장도 변호사 사무실에 근무하고 있으니 법에는 능통한 사람일 것이다. 게다가 상대방은 확정판결을 받은 판결문도 가지고 있는 우월한 입장이다.

이런 사람 앞에서 법 운운하면서 재판을 건다는 둥 하면 어떻게 될까?

보통 재판을 시작하면 아무리 빨라도 3개월 이상 걸린다. 길게는 몇 년이 걸릴지 모른다. 그러면 누가 손해인가, 답은 자명했다.

사우나는 날이 쌀쌀해지는 초겨울부터 봄까지가 성수기인데 지금은 11월이다. 재판에 걸려서 장사를 못 하면 수익이 나지 않음은 당연한 일인데, 실상은 더 큰 문제가 있다. 점점 추위만 지는 겨울에 보일러를 한 번도 틀지 않고 넘긴다면 동파 등 심한 파손도 감수해야 한다. 그 정도면 기존 건물을 다 뜯어내야 하는 대공사로 접어들므로 비용도 상상을 초월한다. 이 모두를 감수하면서 재판에 승소한들 상처뿐인 영광이다.

그렇게 하여 도출된 나의 전략. 바로 속전속결 정공법이다.

Scene 13 변호사와 협상테이블에

;때로는 강하게 밀어붙여도 좋다

무법인 문을 자신 있게 열어젖혔다.
"안녕하세요, 박 사무장님을 만나러 왔습니다."
"어디서 오셨습니까?"
나와 직원과의 대화를 듣던 남자가 다가왔다.
"제가 박 사무장입니다."
"안녕하세요. 어제 통화 드렸던 유 원장입니다."
인사를 하며 서울부동산칼리지 명함을 내밀었다. 박 사무장도 역시나 명함에서 한참 시선을 떼지 않더니 내 얼굴을 다시 한 번 살피듯 쳐다본다.
나는 속으로 '됐구나!' 하며 쾌재를 불렀다.
"조용한 안쪽에서 이야기 나누시지요."
사무장은 회의실로 들어가 손수 커피를 권하며 호기심 어린 표정으로 물었다.

"원장님 명함을 보니 학원을 운영하면서 경매를 가르치시나 봅니다. 직접 경매 낙찰도 받으십니까?"

"네, 일주일에 보통 4건 이상 받습니다."

"오, 그렇게나 많이요?"

상당히 놀라는 눈치다. 경매에 대한 호감과 관심이 무척 커 보였다.

"사실 경매에 관심은 많은데 너무 복잡하여 배울 엄두를 못 내고 있습니다. 어떻게 하면 경매를 잘 배울 수 있습니까?"

그래서 나는 경매에 대한 이런저런 이야기보따리를 풀었다. 즐겁게 이야기를 들으면서 나에 대한 경계심이나 긴장감은 점점 풀어지는 듯했다.

일단 연체비에 대한 확정판결문을 한 번 볼 수 있느냐고 물었다.

"… 원래는 대외비라 보여드리지 못하는 문서입니다. 원장님에게만 한 부 복사하여 드릴 테니 다른 사람에게는 비밀로 해주시고요."

"염려 마십시오."

드디어 문제의 확정판결문 실물을 보게 되었다. 혹시나 해봤자 역시 나라더니, 연체비에 살포시 적힌 금액은 5,360만 원이나 되었다. 더군다나 이미 판결로 확정! 슬슬 당황스럽기 시작했지만, 내색은 하지 않았다.

"사무장님, 이건 공용과 전용 부분을 다 합한 금액이지요? 그 위에 연체료도 붙고, 하지만 낙찰자가 인수할 공용부분만 산출하면 딱히 많지 않겠는데요?"

"글쎄요. 확정판결문이 있으니 별 의미 없을 텐데요."

나는 미리 복사해 간 대법원 판례를 보여주며

"대법원 판례는 낙찰자는 공용부분 연체료만 부담하지, 전용 부분이나 연체료와 같은 가산금은 부담하지 않는다고 일관되게 판시하고 있습니다."

"… 어디 봅시다."

사무장이 판례를 읽느라 잠시 회의실이 조용해진 틈을 타 속삭였다.

"사무장님, 베테랑 의사들이 청진기를 꼭 대봐야 무슨 병인지 압니까? 척 보기만 해도 무슨 병인지 알지?"

"… 무슨 말씀이신지?"

흠, 유머가 지나쳤나 보다. 나는 정석대로 설명을 시작했다. 어차피 전문가끼리 법정에 가 봐야 서로 시간과 돈만 낭비하니 적당한 선에서 합의를 보기 원한다는 요지를 전했다. 물론 박사무장이 곤란하지 않도록 모든 일 처리를 하겠다는 말도 덧붙였다. 다 듣고 나서도 사무장의 얼굴에는 물음표가 가득했다.

애가 탄 나는 열심히 말을 이어갔다.

"내일 입주자대표와 관리소장 앞으로 내용증명을 보낼 생각입니다. '공동관리규약에 체납자에 대한 규정이 있음에도 불구하고 그 규정대로 이행하지 않아 51개월이나 미납되도록 업무를 게을리하였고, 이를 문제 삼아 소송을 하겠다'고 써서요. 체납관리비는 이미 손실로 처리되었기 때문에 사실 받아도 그만, 못 받아도 그만 아닙니까?"

사무장의 얼굴에서 조금씩 의문이 걷힌다.

"내용증명을 받으면 그 사람들은 본인 돈이 아니므로 관리비에는 신경도 쓰지 않을 겁니다. 그런데 제가 형사고소 등 재판 운운하면 100%,

사무장님에게 전화해서 부탁들을 하겠지요. '돈 안 받아도 좋으니 제발 소송은 좀 않게 해 달라고 말이어요."

사무장은 드디어 다 이해했다는 듯 고개를 끄덕였다.

"그럼, 원장님은 얼마에 합의하고 싶으십니까?"

"한 2,000만 원쯤으로 하시지요?"

"예? 이…. 2,000만 원이요?"

금액이 너무 적어서였을까. 사무장은 말까지 더듬었다.

일단 원하는 바는 전했으니 조금 가벼운 마음으로 변호사 사무실을 나왔다. 동행했던 연구원이 내 눈치를 보면서 조심스레 물었다.

"저, 원장님…. 너무 금액을 적게 말씀하신 거 아닌가요…?"

그 절박한 눈망울을 보니 웃음이 나왔다.

"왜? 걱정돼?"

"원장님이 하시는 일이니 걱정은 없지만…"

그래도 그렇게 값을 후려치면 저쪽에서 '그럽시다.' 할 리는 없지 않겠느냐는 말이었다. 씩 웃으며 등을 툭툭 두드렸다.

"그럼 이번에 내가 어떻게 이 일을 처리하는지 지켜보고 배워둬."

그제야 안심하는 눈치다.

Scene 14 내용 증명의 힘!!

;6,500만 원이 2,500만 원으로

다음날 바로 내용증명 서류를 들고 우체국을 향했다. 관리소장, 입주자대표, 그리고 평소 말이 많다는 소문의 입주자대표회의 감사. 그렇게 3명이 수신인이었다. '업무 태만과 관리 소홀 등을 이유로 민사와 형사소송을 동시에 하겠다'는 으름장이 주된 내용이었는데, 솔직히 약간의 과장이기는 했다. 하지만 받는 사람 입장에서는 더럭 겁이 나는 내용이다.

보통 내용증명이 도착하려면 이 삼일은 걸리니까 그 이후 어떤 반응이든 오리라. 박 사무장으로부터 분명히 전화가 오리라고 확신하고 있었다. 아니나 다를까, 정확하게 발송 사흘째 되는 날 오후에 사무장의 번호가 내 전화기 화면에 떴다.

"유영수입니다~"

"원장님 안녕하십니까? 저 박 사무장입니다. 오늘 오후나 저녁에 시간 되시면 만날 수 있을까요?"

상당히 다급한 목소리다.

"죄송하지만 오늘은 저녁까지 선약이 꽉 차서요."

사실 저녁시간은 비어 있었지만, '이쪽은 급할 게 없다'는 인상을 주고 싶어서 악의없는 거짓말을 했다.

"급한 일이라 가능하면 오늘 꼭 뵙고 싶습니다. 좀 늦은 시간이라도 괜찮습니다만…."

"무슨 일이기에 그러시나요?"

"전화상으로는 말씀드리기가 좀 곤란합니다."

일단 일정을 조정해 보고 다시 전화를 주겠다고 하며 전화를 끊었다. 곰곰이 생각해보니 아무래도 빨리 이 일을 해치우는 편이 낫게 여겨졌다. 결국, 다음 날 오후로 약속을 잡았다.

변호사 사무실로 들어서자마자 사무장이 기다렸다는 듯이 나를 반기며 회의실로 안내한다.

"얼마나 급한 일이기에 그러십니까?"

사무장은 앉자마자 몸을 불쑥 내밀며 본론부터 꺼내놓았다.

"원장님, 저번에 말씀한 금액에 500만 원만 더 주십시오!"

내가 부른 2,000만 원에서 500만 원? 그럼, 다 합해 2,500만 원? 그 순간, 예상보다 훨씬 적은 금액이라 어리둥절하면서도 기쁨이 몰려왔다. 그 마음을 누르고 짐짓 심드렁한 목소리를 냈다.

"음, 뭐, 제가 바랐던 금액보다는 좀 많지만, 사무장님이 그렇게까지 말씀하신다면 좋습니다." "그런데, 조건이 하나 있습니다."

"예? 조건이요?"

역시 그렇게 쉽게 넘어갈 리가 없지. 나는 바짝 긴장했다.

"내용증명 보내신 3명 말입니다. 관리소장님 포함해서요. 이분들에게 앞으로 소송하는 일은 없을 거라는 확약서를 하나 써 주십시오."

안도의 한숨이 나왔다. 조건이라기에 굉장히 까다롭거나 큰 건이라 생각했는데 뜻밖에 엉뚱하고 귀여운(?) 요구였다.

"알겠습니다. 그렇게 하지요. 대신 저도 조건이 있습니다."

사무장은 또 뭘까 싶은지 눈이 동그래졌다.

"오늘 2,500만 원을 바로 입금할 테니 확인하시자마자 사우나 출입열쇠는 제게 넘겨주십시오."

사무장 역시 나와 마찬가지 심정이었나 보다. 거대한 요구사항을 상상했다가 마음이 풀어섰는지 내 말이 채 끝나기도 전에 고개를 크게 끄덕이며 받아들였다. 게다가 본인이 제시한 금액과 조건 등을 내가 흔쾌히 수락해서인지 기분 좋은 빛이 역력했다.

바지런히 움직이면서 관리사무소 명의로 된 2,500만 원 영수증 견본도 보여주고, 열쇠와 함께 보내준다며 꼼꼼히 확인했다.

"유 원장님은 정말 대단하십니다."

"뭐가요?"

"어떻게 그렇게 말도 많고 탈도 많은 사람을 한숨에 제압하셨는지, 궁금합니다."

"무슨 말씀이신지?"

"이제야 말인데, 사우나 관련된 분들 참, 말이 많았거든요. 우리 변호사님도 늘 껄끄러운 의뢰인으로 생각하셨답니다."

"그렇군요."

"지난번 소유자하고도 원만하게 좀 협의를 했으면 했는데, 도무지 협상이 되지 않아 결국에는 재판까지 갔고요."

어려운 물건에는 늘 이런 배경이 있게 마련이다. 나는 흥미진진하게 사무장의 이야기를 들었다.

"그런데 이상하게도 그런 사람들이, 어제부터 저희 사무실로 수없이 전화해서는 거의 애원을 하는 겁니다."

하긴, 사무장은 내용증명의 상세한 내용을 모른다.

"금액은 저에게 알아서 하라며 제발 소송을 하지 않게 해 달라고 우는 소리를 하는데…, 실은 저희도 뭐가 뭔지 어리둥절합니다."

"하하, 그런 일이 있었군요. 지난번에 제가 사무장님께 그렇게 말씀드렸지요? 이 일을 처리하시는 데 명분을 살려드리겠다고요."

"그건 기억납니다만, 이 일 하고 관련이 있나요?"

"물론이지요. 그 명분을 제가 만들어 드렸기 때문에 이 사람들이 변호사님에게 전화했다고 봅니다. 그래서 사무장님이 정하신 지금의 합의 금액으로도 불만이 없는 겁니다."

"와, 역시 대단하십니다."

"뭘요. 다음에 더 좋은 일로 자주 뵙죠."

박 사무장은 앞으로 경매에 관하여 궁금한 점이 있으면 나에게 자문해도 되겠느냐는 부탁까지 했다. 서울로 올라오자마자 관리사무소로 2,500만 원을 입금했다.

10분도 채 지나지 않아 체납관리비 완납 영수증이 팩스로 날아왔다. '모른다'로 일관하던 관리소장의 직인이 선명히 찍혀 있었다.

BOX 6

체납관리비 해결하기

사례 1: 관리비가 수백만 원 밀린 집을 낙찰받았어요
이번에 서울 노원구의 아파트를 5억 4,000만 원에 낙찰받았습니다. 잔금을 내고 등기도 마치면서 한창 입주 준비 중이었는데 아파트 관리비가 무려 300만 원이나 밀렸다는 사실을 알게 되었습니다.
아파트 관리사무소 직원들과 좋지 않은 소리가 오갔고, 결국 다음 달까지 다 내지 않으면 전기와 수도를 끊겠다는 협박까지 들었습니다. 이 관리비 300만 원을 전부 제가 부담해야 하는지요? 정말로 관리사무소에서 단전 단수까지 할 수 있을까요?

사례 2: 상가관리단의 횡포, 어떻게 하지요?
정년퇴직한 작년, 퇴직금으로 구로 디지털단지 내 2층 상가를 낙찰받았습니다. 그런데 전 주인의 관리비가 1,000만 원쯤 밀려 있더군요. 뒤늦게 알고 망연자실했습니다. 제게 너무 큰 돈인데다 제가 쓴 것도 아니니 너무 억울했습니다. 못 낸다고 버티고 있는데 급기야 상가 관리단에서 저희 가게에 단전·단수 조처를 해버리는 겁니다. 장사를 석 달 가까이하지 못했지요. 울며 겨자 먹기로 관리비를 내겠다고 하자 이제는 그 1,000만 원에 제가 장사를 못 했던 석 달치 연체료까지 내랍니다. 너무 분하고 억울해 잠이 잘 안 옵니다. 정녕 방법은 없는지요?

경매를 하다 보면 하수든 고수든 반드시 체납관리비와 맞닥뜨리게 된다.
많게는 몇억 원부터 적게는 몇만 원까지 그 금액도 천차만별이다. 일부 관리사무소에서는 낙찰자가 체납관리비를 내지 않으면 입주 자체를 방해하는 횡포를 부린다. 낙찰자나 새로운 세입자의 이삿날에 사다리차와 엘리베이터 사용을 못 하게 하는 식이다. 결국, 낙찰자는 궁지에 몰려 어쩔 수 없이 관리비를 내온 게 사실이다. 그만큼 경매세계에서 체납관리비는 '뜨거운 감자'였다.

그럼 어쩌지? 속절없이 당해?
경매에서 일어날 수 있는 모든 체납관리비(전기료, 수도료, 가스비 등), 과연 낙찰자가 물어야 할까? 물어야 한다면 얼마까지가 내 몫인가? 이를 철저히 알아보려면 기존 대법원 판례를 꼼꼼히 살펴볼 필요가 있다.

또 하나의 변수는 '어쩌다 이렇게 밀렸나?' 즉, 체납의 유형이다. 예를 들어 소유자가 도망가거나 건물이 미분양되어 오랫동안 비어있던 경우. 단지 경매의 낙찰자(특별승계인의 지위)라는 이유로 체납관리비를 덮어쓰는 때가 있다.

다른 경우로는, 소유자 또는 임차인(점유권자)가 거주하고 있는데도 관리사무소가 관리를 소홀히 해 연체된 때다.

당연히 대처 방법도 해결책도 달라진다. 대법원 판례라는 이론적 근거와 나의 경험을 조화시켜 실마리를 풀어본다. 모든 선의의 낙찰자가 밀린 관리비 때문에 골머리 앓는 일이 없었으면 한다.

대법원 판례는 이래요

1. 체납관리비 중 공용부분은 낙찰자가 부담하여야 한다

예전에는 낙찰자가 물어야 한다, 아니다 등 법원마다 판결이 달랐던 게 현실! 하지만 2001년, 가장 높은 대법원 전원 합의체판결이 드디어 떨어진다. 이 판결에 따르면 '낙찰자는 공용부분에 대한 체납관리비만 내면 된다.'

그러면 어떤 기준으로 전유부분과 공용부분이 나뉠까?

대법원 판례는 낙찰자가 내야 할 공용부분 비용을 다음과 같이 규정한다.

'집합건물의 공용부분 그 자체의 직접적인 유지·관리를 위하여 지출되는 비용뿐 아니라, 전유부분을 포함한 집합건물 전체의 유지·관리를 위해 지출되는 비용 가운데에서도 입주자 전체의 공동의 이익을 위하여 집합건물을 통일적으로 유지·관리해야 할 필요가 있어 이를 일률적으로 지출하지 않으면 안 되는 성격의 비용'이다.

공용부분이란?
전용 부분을 제외한 주택 또는 상가 부분·부대시설 및 복리시설과 그 대지.

구체적인 범위?
1. 주거 및 영업시설의 공용부분 : 동 건물의 복도·계단·현관, 승강기 등 공동주택의 지상층에 있는, 해당 동의 입주자가 공동으로 사용하는 시설
2. 기타 공용부분 : 위의 주거 공용면적을 제외한 지하층·관리사무소, 경비실·경로당·보육시설·주민공동시설 등. 단지 안의 전체 입주자 등이 공동으로 사용하는 시설로, 아파트 단지마다 조금씩 달라지기 마련이다.

관리비고지서에서 찾아본다면?
일반관리비를 제외한 비용 중 청소비, 소독비, 승강기유지비, 수선유지비, 생활폐기물수수료, 경비비, 위탁수수료, 대표회의운영비, 공동전기료, 승강기 전기료 등.

(★★★★☆)전유부분 관리비 vs 공용부분 관리비
①전유부분: 전기료, 수도료, 하수도료, TV 수신료, 급탕비, 세대난방비
②공유부분: 청소비, 오물수거비, 소독비, 승강기유지비, 공용난방비, 수선유지비, 일반관리비 (인건비, 제사무비, 차량유지비, 제세공과금, 피복비, 부대비용 등)

대법원 2001. 9. 20. 선고 2001다8677 전원합의체 판결【채무부존재확인】
【판시사항】
아파트의 전 입주자가 체납한 관리비가 아파트 관리규약의 정함에 따라 그 특별승계인에게 승계되는지 여부(=공용부분에 한하여 승계)

【판결요지】
[다수의견] 아파트의 관리규약에서 체납관리비 채권 전체에 대하여 입주자의 지위를 승계한 자에 대하여도 행사할 수 있도록 규정하고 있다 하더라도, '관리규약이 구분소유자 이외의 자의 권리를 해하지 못한다.'고 규정하고 있는 집합건물의 소유 및 관리에 관한 법률(이하 '집합건물법'이라 한다) 제28조 제3항에 비추어 볼 때, 관리규약으로 전 입주자의 체납관리비를 양수인에게 승계시키도록 하는 것은 입주자 이외의 자들과 사이의 권리·의무에 관련된 사항으로서 입주자들의 자치규범인 관리규약 제정의 한계를 벗어나는 것이고, 개인의 기본권을 침해하는 사항은 법률로 특별히 정하지 않는 한 사적 자치의 원칙에 반한다는 점 등을 고려하면, 특별승계인이 그 관리규약을 명시적, 묵시적으로 승인하지 않는 이상 그 효력이 없다고 할 것이며, 집합건물법 제42조 제1항 및 공동주택관리령 제9조 제4항의 각 규정은 공동주택의 입주자들이 공동주택의 관리·사용 등의 사항에 관하여 관리규약으로 정한 내용은 그것이 승계 이전에 제정된 것이라고 하더라도 승계인에 대하여 효력이 있다는 뜻으로서, 관리비와 관련하여서는 승계인도 입주자로서 관리규약에 따른 관리비를 납부하여야 한다는 의미일 뿐, 그 규정으로 인하여 승계인이 전 입주자의 체납관리비까지 승계하게 되는 것으로 해석할 수는 없다. 다만, 집합건물의 공용부분은 전체 공유자의 이익에 공여하는 것이어서 공동으로 유지·관리해야 하고 그에 대한 적정한 유지·관리를 도모하기 위하여는 소요되는 경비에 대한 공유자 간의 채권은 이를 특히 보장할 필요가 있어 공유자의 특별승계인에게 그 승계의사의 유무에 관계없이 청구할 수 있도록 집합건물법 제18조에서 특별규정을 두고 있는바, 위 관

리규약 중 공용부분 관리비에 관한 부분은 위 규정에 터 잡은 것으로서 유효하다고 할 것이므로, 아파트의 특별승계인은 전 입주자의 체납관리비 중 공용부분에 관하여는 이를 승계하여야 한다고 봄이 타당하다.

일반관리비와 소독비는 공용부분 관리비여서 집합건물 구분소유자의 특별승계인이 승계하나, 중앙집중식 난방방식에 의한 세대별 난방비, 일괄계약에 의한 유선방송료는 전용 부분 관리비이므로 위 특별승계인이 승계하지 않는다고 한 사례(의정부지법 2006가단74938 판결)

의정부지법 2007.7.25. 선고 2006가단74938 판결
【판시사항】
 일반관리비와 소독비는 공용부분 관리비여서 집합건물 구분소유자의 특별승계인이 승계하나, 중앙집중식 난방방식에 의한 세대별 난방비, 일괄계약에 의한 유선방송료는 전용 부분 관리비여서 위 특별승계인이 승계하지 않는다고 한 사례

【판결요지】
 일반관리비와 소독비는 집합건물 전체의 유지·관리를 위하여 지출하는 비용으로 공용 부분 관리비이므로 집합건물 구분소유자의 특별승계인이 승계하나, 중앙집중식 난방방식에 의한 세대별 난방비, 일괄계약에 의한 유선방송료는 입주자 각자의 개별적인 이익을 위하여 지출되는 비용으로 전용부분 관리비에 해당하므로 위 특별승계인이 승계하지 않는다고 한 사례.

실무상 문제점: 세대수가 많은 아파트단지는 여러 평형대로 구성되어 있다. 50평형대, 40평형대, 30평형대, 20평형대 등으로 크게는 면적이 두 배 이상 차이가 나기 마련이다. 그런데 대법원 판례를 따라 일률적으로 공용부분 관리비를 부담한다면? 20평대 아파트를 낙찰받고서도 50평형대에 사는 사람과 똑같은 부담을 져야 하는 불공평한 상황에 부닥친다. 이제부터라도 공용부분을 평형별로 배분하여 부과했으면 한다.

2. 체납관리비의 연체료는 낙찰자 몫이 아니다.
위에서 다룬 사우나의 체납관리비 명세서를 예를 들어 설명해보자. 관리사무소에서 건네준 명세서는 대략 이런 모양새다.

연체료만 무려 1,132만 2,850원이다. 대법원판결 (2004다3598, 3604)에 의하면, 밀린 관리비 연체료 중 전유부분은 물론이고 공용부분에 대한 연체료도 낙찰자가 부담하지 않아도 된다.

대법원 2006.6.29. 선고 2004다3598,3604 판결

【판시사항】
집합건물의 전(전) 구분소유자의 특정승계인에게 승계되는 공용부분 관리비의 범위 및 공용부분 관리비에 대한 연체료가 특별승계인에게 승계되는 공용부분 관리비에 포함되는지 여부(소극)

【판결요지】
집합건물의 전(전) 구분소유자의 특정승계인에게 승계되는 공용부분 관리비에는 집합건물의 공용부분 그 자체의 직접적인 유지·관리를 위하여 지출되는 비용뿐만 아니라, 전유부분을 포함한 집합건물 전체의 유지·관리를 위해 지출되는 비용 가운데에서도 입주자 전체의 공동의 이익을 위하여 집합건물을 통일적으로 유지·관리해야 할 필요가 있어 이를 일률적으로 지출하지 않으면 안 되는 성격의 비용은 그것이 입주자 각자의 개별적인 이익을 위하여 현실적·구체적으로 귀속되는 부분에 사용되는 비용으로 명확히 구분될 수 있는 것이 아니라면, 모두 이에 포함되는 것으로 봄이 상당하다. 한편, 관리비 납부를 연체할 경우 부과되는 연체료는 위약벌의 일종이고, 전(전) 구분소유자의 특별승계인이 체납된 공용부분 관리비를 승계한다고 하여 전 구분소유자가 관리비 납부를 연체함으로 인해 이미 발생하게 된 법률효과까지 그대로 승계하는 것은 아니라 할 것이어서, 공용부분 관리비에 대한 연체료는 특별승계인에게 승계되는 공용부분 관리비에 포함되지 않는다

3. 체납관리비로 인한 관리사무소의 단전·단수 협박은 형사처분 대상

상당히 자주 있는 경우다. 심지어 비어있던 상가에 들어가는 데도 밀린 관리비가 있다며 몇천만 원씩 요구하고, 순순히 내지 않으면 정말로 전기와 수도를 끊어버리는 악덕 관리사무소가 존재한다.

여러 번 이런 일을 겪다 보니 알게 된 사실이 하나 있다. 대체로 관리사무소들은 낙찰자를 부자로 착각한다. 그러다 보니 '돈 많은 낙찰자가 당연히 내야지' 하는 분위기다. 게다가 상가관리단 직원 중에는 진짜로 깍두기 아저씨(?)출신이거나, 그와 비슷한 외모의 사람들이 많다. 경매 실전 경험도 없고 마음 여린 낙찰자들이 그 공포 분위기를 이겨낼 리가 없다. 결국, 내고 마는 것이다.

누누이 말하지만, 체납관리비는 낙찰자가 전부 부담할 필요가 없다. 더 나아가 체납관리비를 안 낸다는 이유로 단전, 단수하는 행위는 불법행위로 형사상 업무방해죄로 처벌받을 수 있다. 전기와 수도가 들어오지 않은 기간 동안 낙찰받은 부동산을 사용하지 못했다면? 장사나 임대가 막혀 수익을 내지 못한 데 대한 손해배상 책임까지 상가관리단에 물 수 있다. 그 기간 내에 발생한 관리비 역시 낙찰자에게는 책임이 없다.

대법원 2006.6.29. 선고 2004다3598,3604 판결

【판시사항】
[4] 집합건물의 관리단이 전(전) 구분소유자의 특별승계인에게 특별승계인이 승계한 공용부분 관리비 등 전 구분소유자가 체납한 관리비의 징수를 위해 단전·단수 등의 조치를 취한 사안에서, 관리단의 위 사용방해행위가 불법행위를 구성한다고 한 사례
[5] 집합건물의 관리단 등 관리주체의 불법적인 사용방해행위로 인하여 건물의 구분소유자가 그 건물을 사용·수익하지 못한 경우, 구분소유자가 그 기간 동안 발생한 관리비채무를 부담하는지 여부(소극)

【판결요지】
[4] 집합건물의 관리단이 전(전) 구분소유자의 특별승계인에게 특별승계인이 승계한 공용부분 관리비 등 전 구분소유자가 체납한 관리비의 징수를 위해 단전·단수 등의 조치를 취한 사안에서, 관리단의 위 사용방해행위가 불법행위를 구성한다고 한 사례.
[5] 집합건물의 관리단 등 관리주체의 위법한 단전·단수 및 엘리베이터 운행정지 조치 등 불법적인 사용방해행위로 인하여 건물의 구분소유자가 그 건물을 사용·수익하지 못하였다면, 그 구분소유자로서는 관리단에 대해 그 기간 동안 발생한 관리비채무를 부담하지 않는다고

단 주의할 점! 관리주체 (관리사무소, 관리단, 시장번영회 등)가 단전·단수를 예고하고 관리규약에 의거하여 단전·단수한 경우에는 불법행위가 아닌 정당행위에 해당한다. (대법원 2003도 4732판결)

대법원 2004. 8. 20. 선고 2003도4732 판결
【판시사항】
  시장번영회 회장이 이사회의 결의와 시장번영회의 관리규정에 따라서 관리비 체납자의 점포에 대하여 실시한 단전조치는 정당행위로서 업무방해죄를 구성하지 아니한다고 한 사례

【판결요지】
  시장번영회 회장이 이사회의 결의와 시장번영회의 관리규정에 따라서 관리비 체납자의 점포에 대하여 실시한 단전조치는 정당행위로서 업무방해죄를 구성하지 아니한다고 한 사례.

【이유】
  업무방해죄 부분에 대한 판단
 (1) 원심은, 그 채용 증거들에 의하여, 피고인에 대한 이 사건 공소사실 중 피고인이 공소외인과 공모하여, 2001. 9. 초순경 사단법인 삼천포종합시장번영회(이하 '시장번영회'라고 한다) 사무실에서 피해자 박O엽, 이O권이 연체된 관리비를 시장번영회에 직접 납부하지 아니하고 법원에 공탁하였다는 이유로 공소외인에게 그 점포에 대한 단전조치를 하도록 지시하고, 공소외인이 전기공급 단자함의 전원을 차단함으로써 위력으로써 약 7일 동안 피해자들의 의류판매와 세탁소업무를 방해하였다는 업무방해의 범죄사실을 유죄로 인정한 제1심판결을 유지하였다.
(2) 그러나 원심의 위와 같은 판단은 다음과 같은 이유로 수긍하기 어렵다.
형법 제20조에 정하여진 '사회상규에 위배되지 아니하는 행위'라 함은, 법질서 전체의 정신이나 그 배후에 놓여 있는 사회윤리 내지 사회통념에 비추어 용인될 수 있는 행위를 말하므로, 어떤 행위가 그 행위의 동기나 목적의 정당성, 행위의 수단이나 방법의 상당성, 보호법익과 침해법익과의 법익균형성, 긴급성, 그 행위 외에 다른 수단이나 방법이 없다는 보충성 등의 요건을 갖춘 경우에는 정당행위에 해당한다 할 것이다(대법원 1986. 10. 28. 선고 86도1764 판결, 2003. 11. 28. 선고 2002도5726 판결 등 참조).
기록에 의하면, 시장번영회는 삼천포종합시장 내의 상점소유자나 개점자 등으로 구성되어 있

고, 그 관리규약에 따르면 3개월 이상 관리비를 연체하는 경우에는 사용자와 소유자에게 동시에 통보하고 미납할 때에는 단수, 단전 등의 불이익조치를 취할 수 있도록 규정하고 있으며, 피해자인 이O권과 박O엽은 부부로서 삼천포종합시장 내 경남상가 마동 23호, 24호, 25호를 연결하여 의류가게와 세탁소 등을 운영하면서 2000. 5. 무렵부터 관리비를 체납하고 있었고, 사천시와 한전에서는 시장번영회에 대하여 수도료와 전기료 등을 납부하지 아니하면 단수, 단전조치를 취하겠다고 예고하였으며, 이에 따라 시장번영회에서는 부득이 관리비 고액체납자들로부터 관리비를 효율적으로 징수하기 위하여 2001. 7. 24. 시장번영회 이사회를 열고 관리비의 고액체납자에 대하여 강력한 법적 조치와 함께 단수, 단전 등의 조치를 병행하기로 만장일치로 결의하였으며, 이에 따라 시장번영회 회장인 피고인이 사무국장인 공소외인에게 고액체납자들의 점포에 대하여 단전조치를 하도록 지시하여 공소외인이 위 상가의 전기단자함을 열고 이O권과 박O엽의 점포에 공급되는 전기를 차단하는 조치를 취하였고, 한편 피고인이 단전조치를 취하기 전에 시장번영회에서 이O권과 박O엽을 상대로 체납관리비의 지급을 구하는 소송을 제기하고 그 채권을 보전하기 위하여 2000. 10. 10. 부동산가압류결정과 2001. 7. 24. 유체동산가압류결정을 받게 되자 비로소 이O권과 박O엽이 2001. 9. 15. 가압류해방금으로서 그 청구금액 상당을 창원지방법원 진주지원에 공탁한 것을 알 수 있다(이와 같은 가압류해방금은 가압류의 목적물에 갈음하는 것으로 가압류해방금이 공탁되면 그 가압류의 효력이 채무자가 가지는 공탁금회수청구권에 존속하게 되는 것에 불과하여 변제로서의 효력이 없다).

사정이 이러하다면, 피고인이 단전조치를 하게 된 경위는 단전조치 그 자체를 목적으로 하는 것이 아니고 오로지 시장번영회의 관리규정에 따라 체납된 관리비를 효율적으로 징수하기 위한 제재수단으로서 이사회의 결의에 따라서 적법하게 실시한 것이고, 그와 같은 관리규정의 내용은 시장번영회를 운영하기 위한 효과적인 규제로서 그 구성원들의 권리를 합리적인 범위를 벗어나 과도하게 침해하거나 제한하는 것으로 사회통념상 현저하게 타당성을 잃은 것으로 보이지 아니하며, 피고인이 이O권 등이 연체된 관리비를 시장번영회에 직접 납부하지 아니하고 법원에 공탁하였다는 이유로 단전조치를 지시한 것으로도 보이지 아니하므로 피고인의 행위는 그 동기와 목적, 그 수단과 방법, 그와 같은 조치에 이르게 된 경위 등 여러 가지 사정에 비추어 볼 때, 사회통념상 허용될 만한 정도의 상당성이 있는 위법성이 결여된 행위로서 형법 제20조에 정하여진 정당행위에 해당하는 것으로 볼 여지가 충분하다.

4. 밀린 관리비에도 소멸시효가 있다

공용부분에 대한 관리비라 하더라도 3년이 지난 관리비는 내지 않아도 된다. 관리비채권의 소멸시효 자체가 3년이기 때문이다. (대법원 2005다65821 판결) 그러나 연체 관리비를 근거로 관리단에서 가압류를 해당 부동산에 설정해놓으면 시효가 중단되는 효력이 있다. 따라서 소멸시효의 적용을 받지 않는다.

5. 낙찰자가 전 소유자의 체납관리비를 이미 내버렸다면, 나중에 돌려받을 수 있을까?

아파트를 낙찰받은 A씨는 소유권이전 등기를 마친 후, 전 소유자가 체납한 공용부분과 전용부분의 관리비 약 411만 원을 관리업체에 냈다.

이후 A씨는 '전 소유자가 체납한 관리비를 전액 내지 않으면 단전·단수 조치를 해제하지 않겠다고 관리소가 압박했다. 이는 강압에 의한 변제이므로 이를 반환하라.'라고 대표 회의를 상대로 법원에 소송을 제기했다. 1심에서는 승소했으나 항소심에서는 결국 아래와 같이 패소하고 말았다.

'아파트 낙찰자가 전 소유자의 체납관리비 변제를 스스로 인정했다면 대표회의에 부당이득금 반환책임을 물을 수 없다'는 판결이었다. 따라서 경매 낙찰자는 관리단(대표회의)에서 체납관리비를 전액 내지 않으면 단전·단수조치를 해지하지 않겠다며 아무리 협박해도 동요하지 않아야 한다. 연체에 대한 가산금 없이 공용부분에 대한 원금만 부담하자.

6. 이전 소유자가 내지 않은 전기료는 누구 책임?

상가나 공장을 경매로 낙찰받았을 때 특히 큰 문제로 대두하는 밀린 전기요금. 전기요금에 대한 연체내용을 확인하지 않고 덥석 낙찰받고 나면 나중에 눈이 돌아갈 정도의 청구서를 받게 될지도 모른다.

대법원1992.12.24.선고92다16669판결
【판시사항】
가. 신수용가가 구수용가의 체납전기요금을 승계하도록 규정한 한국전력공사의 전기공급규정이 일반적 구속력을 갖는 법규의 효력이 있는지 여부(소극)
나. 전기사업법 제17조 제항 소정의 "전기요금 기타 공급조건"의 의미와 구수용가가 체납한 전기료납부의무의 승계에 관한 사항이 이에 포함되는지 여부(소극)
다. 수도법 제17조에 의하여 건물의 구소유자의 체납수도요금납부의무가 당연히 신소유자에게 승계되는지 여부(소극)

【판결요지】

가. 한국전력공사의 전기공급규정에 신수용가가 구수용가의 체납전기요금을 승계하도록 규정되어 있다 하더라도 이는 공사 내부의 업무처리지침을 정한 데 불과할 뿐 국민에 대하여 일반적 구속력을 갖는 법규로서의 효력은 없고, 수용가가 위 규정에 동의하여 계약의 내용으로 된 경우에만 효력이 생긴다.

나. 전기사업법 제17조 제1항 소정의 "전기요금 기타 공급조건"이라 함은 전기를 공급받고자 하는 자 또는 전기를 사용하는 자가 일반전기사업자로부터 장래 전기를 공급받기 위한 전기공급계약의 내용으로 되는 사항, 즉 일반전기사업자가 수용가에게 전기를 공급하는 방법, 이와 관련하여 수용가가 수인하거나 부담하여야 할 요금 기타 사항을 말한다 할 것이고, 구수용가가 체납한 전기료납부의무의 승계에 관한 사항은 구수용가의 한국전력공사에 대한 채무를 신수용가가 인수하느냐 하는 문제로서 신수용가가 장래 위 공사로부터 전기를 공급받는 데 관한 사항은 아니며, 따라서 이러한 사항은 위 "전기요금기타 공급조건"에 포함되지 아니한다.

다. 수도법 제17조의 규정에 의하여 제정된 시의 수도급수조례에 급수장치에 관한 권리의무는 당해 급수장치가 설치된 건물 또는 토지의 처분에 부수하며, 급수장치에 관한 소유 또는 관리권을 취득한 자는 이 조례에 의하여 그 취득 전에 발생한 의무에 대하여도 이를 승계한다고 규정되어 있어도 위 규정은 급수장치에 관한 권리의무의 승계에 관한 것으로서 건물의 구소유자의 체납수도요금납부의무가 건물에 대한 소유권을 취득하였다는 것만으로 신소유자에게 승계된다고 할 수 없다.

위 판례에 따르면 한국전력공사의 전기 공급규정은 사무 처리상의 편의를 위한 규정에 불과하다. 즉 국민을 대상으로 일반적인 구속력을 갖는 법규의 효력은 없다는 말이다. 단지 공사와 전기공급계약을 체결하거나, 그 규정에 동의한 수용가에 대해서만 효력을 미칠 뿐이라고 판시하고 있다.

처음 전력공사와 전기 공급계약을 하면 공사의 전기 공급규정에 따라 작성한 공급계약서에 서명한다. 이 과정에서 이미 공사의 전기공급규정을 동의한 것으로 보는데, 이는 계약서에 서명한 그 당사자에게만 효력이 미친다. 따라서 전력공사는 새로운 소유자인 낙찰자와 새로운 공급계약을 체결하여야만 하는 것이다. 그렇지 않으면 낙찰자는 전기 공급규정에 동의한 것으로 볼 수 없다. 결론적으로 소유자가 바뀐 상황에서는 전 소유자가 체납한 전기 요금을 부담할 법적, 법리적 이유가 없다. 법을 잘 알면 걱정할 일이 아니다.

낙찰받은 상가나 공장건물에 밀린 관리비를 이유로 전기가 끊겨 있을 때 이 판례를 적절히 이용할 수 있다. 전력공사에서 전기료가 밀렸다는 이유로 공급을 거절하는 경우가 종종 있다.

그런데 주의해야 할 점이 있다. '낙찰자가 체납요금을 내고 공급에 동의한다'는 내용의 공급계약서에 서명하면, 이미 낸 요금은 되돌려 받을 수 없다. 계약서를 앞에 두었을 때는 늘 조심해야 한다.

(★★★★★) 법원경매 또는 공매로 취득한 물건의 경우 소유권 이전 사용자의 체납요금은 가스 사용자에게 승계되지 않는다. (도시가스공급규정 제9조)

7. 밀린 수도요금 역시 낙찰자의 의무가 아니다

이런 사우나 건물처럼 수돗물이 많이 필요한 상가가 경매로 나오면, 일단 체납여부를 감안하고 들어가야 한다. 이번 경우도 밀린 수도요금이 자그마치 1,200만 원에 이르렀다. 과연 관리비나 전기요금과 마찬가지 기준이 적용될까?

수도사업소에서도 비슷한 일이 벌어지는데, 담당직원이 연체금을 내지 않으면 수도를 개설해 줄 수 없다고 말하는 일이 많다. 경매초보자들은 황망할 따름이다.

이제는 이런 문제로 더 이상 고민할 필요가 없다. 대법원 92다16669판결이 이 문제에 대한 답을 제시한다. '수도법 제17조의 규정에 의하여 제정된 시의 수도급수조례에 급수장치에 관한 권리의무는 당해 급수장치가 설치된 건물 또는 토지의 처분에 부수하며, 급수장치에 관한 소유 또는 관리권을 취득한 자는 이 조례에 의하여 그 취득 전에 발생한 의무에 대하여도 이를 승계한다'는 조항을 잘 보자. 용어도 복잡하고 얼핏 보면 뭔가 승계해야 하는구나, 하고 생각하기 쉽다. 그러나 꼼꼼히 살피면 위 규정은 '급수장치'에 관한 권리의무의 승계에 대해 말하고 있다. 결국 대법원 판결은 '건물의 구소유자의 체납수도요금납부의무가 건물에 대한 소유권을 취득하였다는 것만으로 신소유자에게 승계된다고 할 수 없다.'고 못 박았다.

또한 서울특별시 수도조례 제30조(수도요금의 정산)는 '건물 또는 토지의 매매 등으로 수도사용자등이 변경된 경우에 신규수도사용자와 기존의 수도사용자 등은 수도요금을 정산하여 신규수도사용자가 납부하여야 한다. 다만 경매. 공매처분에 따라 명의변경이 된 경우에는 그러하지 아니하다.'라 분명히 적고 있다. 따라서 낙찰자는 전 소유자의 수도연체금은 인수하지 않아도 된다.

① 수도법 제 17조에 의하여, 건물의 구소유자의 체납수도요금납부 의무는 신소유자에게 승계되지 않는다.

대법원1992.12.24.선고92다16669판결
【판시사항】
수도법 제17조에 의하여 건물의 구소유자의 체납수도요금납부의무가 당연히 신소유자에게

승계되는지 여부(소극)

【판결요지】
수도법 제17조의 규정에 의하여 제정된 시의 수도급수조례에 급수장치에 관한 권리의무는 당해 급수장치가 설치된 건물 또는 토지의 처분에 부수하며, 급수장치에 관한 소유 또는 관리권을 취득한 자는 이 조례에 의하여 그 취득 전에 발생한 의무에 대하여도 이를 승계한다고 규정되어 있어도 위 규정은 급수장치에 관한 권리의무의 승계에 관한 것으로서 건물의 구소유자의 체납수도요금납부의무가 건물에 대한 소유권을 취득하였다는 것만으로 신소유자에게 승계된다고 할 수 없다.

② 신규 수도사용자가 기존 수도사용자의 체납 수도요금 납부의무를 승계하도록 규정한 부천시 수도급수 조례 제24조 제2항은 무효다(일명 부천 웅진 플레이도시 체납 수도요금사건).

서울고법 2011.4.21. 선고 2010누33476 판결 【상하수도요금부과처분취소】확정
【판시사항】
[1] 신규 수도사용자가 기존 수도사용자의 체납 수도요금 납부의무를 승계하도록 규정한 부천시 수도급수 조례 제24조 제2항이 수도법 제38조 제1항의 '그 밖의 수돗물의 공급조건에 관한 규정'의 위임 범위를 벗어난 것으로 무효인지 여부(적극)
[2] 부천시장이 '타이거월드' 부천체육문화센터를 매수한 갑 회사에 부천시 수도급수 조례 제24조 제2항을 근거로 기존 수도사용자 을 회사가 체납한 상하수도요금을 부과한 사안에서, 부과처분이 위법하다고 한 사례

【판결요지】
[1] 수도공급은 수도공급계약에 기초하여 이루어지는 것으로 특별한 사정이 없는 한 계약당사자만이 수도요금 납부에 관한 권리의무자가 되는 것이 원칙이므로 신규 수도사용자의 체납 수도요금 납부의무 승계는 개별책임원칙에 위반되는 점, 수도법 제68조 제1항 문언 해석상 직접 수돗물 공급을 받지 않은 자는 납부의무자가 아니라고 볼 수 있는 점, 신규 수도사용자에게 체납 수도요금의 납부의무를 승계하도록 하는 것은 지역적 사정과 관련된 문제가 아니므로 각 지방자치단체가 그 지방의 실정에 맞게 별도로 규율할 필요가 있는 사항에 해당하지 않는 점, 신규 수도사용자의 체납 수도요금 납부의무 승계 규정은 약관의 규제에 관한 법률 제6조 제2항 제1호의 고객에게 부당하게 불리한 조항에 해당하여 무효라고 볼 여지가 큰 점,

기존 수도사용자의 체납요금이 몇 개월에 걸쳐서 누적된 경우 지방자치단체나 일반 수도사업자가 별도의 법적 절차를 통해 징수하는 것이 합당하고, 기존 수도사용자에 대한 징수절차가 번거롭고 곤란하다는 이유로 기존 수도사용자의 체납요금을 신규 수도사용자에게 일방적으로 전가하는 것은 부당한 점 등을 종합하여 보면, 수도법 제38조 제1항에서 지방자치단체 조례로 정하도록 위임한 '그 밖의 수돗물의 공급조건에 관한 규정'이란 신규 수도사용자가 일반수도사업자 또는 지방자치단체로부터 장래 수도를 공급받기 위한 수도공급계약의 내용이 되는 사항, 즉 일반수도사업자 또는 지방자치단체가 신규 수도사용자에게 수돗물을 공급하는 방법, 이와 관련하여 신규 수도사용자가 수인하거나 부담하여야 할 요금 기타 사항을 말하고, 기존 수도사용자가 체납한 수도요금 납부의무 승계에 관한 사항은 기존 수도사용자의 일반수도사업자 또는 지방자치단체에 대한 채무를 신규 수도사용자가 인수하는 문제로서 이러한 사항은 '그 밖의 수돗물의 공급조건에 관한 규정'에 포함되지 않는다고 보는 것이 타당하다. 따라서 수돗물의 공급을 받지 않았던 신규 수도사용자가 기존 수도사용자의 체납 수도요금 납부의무를 승계하도록 한 부천시 수도급수 조례 제24조 제2항은 수도법 제38조 제항의 '그 밖의 수돗물의 공급조건에 관한 규정'의 위임 범위를 벗어난 것으로 법률에 위배되어 무효이다.

[2] 부천시장이 '타이거월드' 부천체육문화센터를 매수한 갑 회사에 부천시 수도급수 조례 제24조 제2항을 근거로 갑 회사가 스포츠센터 소유권을 취득하기 전 기존 수도사용자 을 회사가 체납한 상하수도요금을 부과한 사안에서, 수돗물 공급을 받지 않았던 신규 수도사용자가 기존 수도사용자의 체납 수도요금 납부의무를 승계하도록 한 위 조례 제24조 제2항은 수도법 제38조 제1항의 위임 범위를 벗어나 법률에 위배되어 무효이므로, 그에 근거하여 이루어진 부과처분은 위법하다고 한 사례.

수도법 제38조 제1항
① 일반수도사업자는 대통령령으로 정하는 바에 따라 수돗물의 요금, 급수설비에 관한 공사의 비용부담, 그 밖에 수돗물의 공급조건에 관한 규정을 정하여 인가관청의 승인을 받아야 한다. 다만, 수도사업자가 지방자치단체인 경우에는 위와 같은 사항을 조례로 정한다.

서울특별시 수도조례 제30조(수도요금의 정산)
건물 또는 토지의 매매 등으로 수도사용자 등이 변경된 경우에 신규수도사용자와 기존의 수도사용자 등은 수도요금을 정산하여 신규수도사용자가 납부하여야 한다. 다만, 경매. 공매처분에 따라 명의 변경된 경우에는 그러하지 아니하다.

부천시 수도급수조례 제24조(요금의 정산)
① 급수설비에 관한 권리, 의무는 해당 급수설비가 설치된 건물 또는 토지의 처분에 미친다.
② 급수설비에 관한 권리, 의무가 변동되는 경우에는 신규 수도사용자와 기존 수도사용자는 요금을 청산하여야 한다. 다만, 경매 또는 경매처분에 따른 명의 변경 시에는 그러하지 아니하다.

8. 밀린 전기요금과 수도요금을 이미 내버렸다면, 다시 돌려받을 수 있을까?

결론부터 말하자면 이 질문에 대한 답은 '그때그때 달라요'다. 대법원 판례가 두 갈래로 갈라져 있기 때문이다. 낙찰자가 체납된 전기, 수도요금을 일단 냈는데, 나중에 해당 관청을 상대로 체납요금을 돌려달라는 요구를 했을 때의 이야기다.
① 이미 낸 체납전기, 수도요금을 돌려받을 수 있다는 판결 (대법원92다16669판결).

대법원 1992.12.24. 선고 92다16669 판결 【부당이득금】

【판시사항】
가. 신수용가가 구수용가의 체납전기요금을 승계하도록 규정한 한국전력공사의 전기공급규정이 일반적 구속력을 갖는 법규로서의 효력이 있는지 여부(소극)
나. 전기사업법 제17조 제1항 소정의 "전기요금 기타 공급조건"의 의미와 구수용가가 체납한 전기료납부의무의 승계에 관한 사항이 이에 포함되는지 여부(소극)
다. 수도법 제17조에 의하여 건물의 구소유자의 체납수도요금납부의무가 당연히 신소유자에게 승계되는지 여부(소극)

【판결요지】
가. 한국전력공사의 전기공급규정에 신수용가가 구수용가의 체납전기요금을 승계하도록 규정되어 있다 하더라도 이는 공사 내부의 업무처리지침을 정한 데 불과할 뿐 국민에 대하여 일반적 구속력을 갖는 법규로서의 효력은 없고, 수용가가 위 규정에 동의하여 계약의 내용으로 된 경우에만 효력이 생긴다.
나. 전기사업법 제17조 제1항 소정의 "전기요금 기타 공급조건"이라 함은 전기를 공급받고자 하는 자 또는 전기를 사용하는 자가 일반전기사업자로부터 장래 전기를 공급받기 위한 전기공급계약의 내용으로 되는 사항, 즉 일반전기사업자가 수용가에게 전기를 공급하는 방법, 이

와 관련하여 수용가가 수인하거나 부담하여야 할 요금 기타 사항을 말한다 할 것이고, 구수용가가 체납한 전기료납부의무의 승계에 관한 사항은 구수용가의 한국전력공사에 대한 채무를 신수용가가 인수하느냐 하는 문제로서 신수용가가 장래 위 공사로부터 전기를 공급받는 데 관한 사항은 아니며, 따라서 이러한 사항은 위 "전기요금기타 공급조건"에 포함되지 아니한다.

다. 수도법 제17조의 규정에 의하여 제정된 시의 수도급수조례에 급수장치에 관한 권리의무는 당해 급수장치가 설치된 건물 또는 토지의 처분에 부수하며, 급수장치에 관한 소유 또는 관리권을 취득한 자는 이 조례에 의하여 그 취득 전에 발생한 의무에 대하여도 이를 승계한다고 규정되어 있어도 위 규정은 급수장치에 관한 권리의무의 승계에 관한 것으로서 건물의 구소유자의 체납수도요금납부의무가 건물에 대한 소유권을 취득하였다는 것만으로 신소유자에게 승계된다고 할 수 없다.

【이 유】

1. 원고 소송대리인의 상고이유에 대하여

전기사업법(1990.1.13. 법률 제4214호로 개정) 제17조 제1항에 의하면, 일반전기사업자는 전기요금 기타 공급조건에 관한 공급규정을 정하여 동력자원부장관의 인가를 받아야 하며, 이를 변경하는 경우에도 또한 같다고 규

정하고, 제19조는 일반전기사업자는 제17조 제1항의 규정에 의하여 인가를 받은 공급규정에 의하여 전기를 공급하여야 하고, 일반전기사업자로부터 전기를 공급받고자 하는 자 또는 공급받은 전기를 사용하는 자는 제17조의 규정에 의하여 인가를 받은 공급규정에 따라야 한다고 규정하였다. 한편 피고 한국전력공사의 전기공급규정(을 제1호증) 제12조는 매매, 상속, 기타의 원인에 의하여 수용가의 변경이 있는 경우에는 신수용가는 명의변경의 절차에 의하여 전기를 계속 사용할 수 있고, 이 경우 신수용가는 당사에 대한 전기사용에 관련된 구수용가의 모든 권리의무를 승계하며, 신수용가가 명의변경절차를 거치지 아니하고 전기를 계속 사용하는 경우에는 당사에 대한 전기사용에 관련된 구수용가의 모든 권리의무를 승계한 것으로 본다고 규정하고, 또 제14조는 수용가의 책임 있는 사유로 인한 수급계약의 폐지에 관하여 규정한 다음, 제15조에는 요금 기타의 채권채무는 수급계약이 폐지된 후에도 소멸되지 아니하며, 채권채무가 소멸되지 아니한 수용장소에서 신수용가가 전기를 다시 사용하고자 할 경우에는 구수용가의 요금 및 기타의 채권채무(제46조에 의한 위약금 및 제52조에 의한 배상금은 제외)는 신수용가에 승계되고, 다만 민사소송법에 의한 법원의 강제경매에 의하여 경락받은 경우에는 그러하지 아니한다고 하고 있다.

원심이 인용한 제1심판결 이유에 의하면, 원고는 1990.10.26. 소외 정운필 소유이던 이 사건 공

장을 인천지방법원 90타경6486 임의경매절차에서 경락받아 그 대금을 납부하고 1991.2.7. 소유권이전등기를 경료하였는데, 공장가동을 위하여 수리공사를 시작하려다가 단전이 되어 있는 것을 발견하고 피고 한국전력공사에 문의한 결과 위 정운필의 체납전기요금을 납부할 때까지는 전기를 공급할 수 없다고 하여 전기 공급요구를 거절 당한 사실과, 원고는 1991.2.23. 위 피고에게 1989.11.16.부터 1990.11.15.까지의 전기요금으로서 합계 금 26,877,290원을 납부한 사실을 인정한 다음, 원고가 한 위 체납전기요금납부행위는 불공정법률행위로서 무효라는 이유로 위 피고에 대한 납부체납전기요금 상당의 부당이득반환을 청구한 데 대하여, 원고가 위 체납전기요금을 납부한 이후인 1991.3.7.경 위 피고에게 전기 공급규정에 따라 전기 공급을 받기로 하는 내용의 전력공급 동의서를 제출하고, 그 시경부터 위 피고로부터 전기 공급을 받고 있는 사실을 인정한 다음, 앞에서 본 전기사업법의 규정에 따라 위 피고로부터 전기공급을 받고자 하는 자는 동력자원부장관의 인가를 받은 위 피고의 전기공급규정에 따라야 할 것인데, 위 공급규정에 의하면, 신수용가가 구수용가의 체납전기요금을 승계하도록 규정하고 있으므로 원고가 위 체납전기요금을 납부한 것은 그 의무에 따른 것으로 정당하다 하여 원고의 청구를 이유 없다고 판시하였다.

그러나 피고 한국전력공사의 전기공급규정에 신수용가가 구수용가의 체납전기요금을 승계하도록 규정되어 있다 하더라도 이는 위 피고 공사 내부의 업무처리지침을 정한 데 불과할 뿐, 국민에 대하여 일반적 구속력을 갖는 법규로서의 효력은 없고, 수용가가 위 규정에 동의하여 계약의 내용으로 된 경우에만 효력이 생기는 것이며(전기사업법 제19조 제2항의 규정이 없었던 구 전기사업법상의 전기 공급규정에 관하여 당원 1983.12.27. 선고 83다카893 판결; 1987.2.10. 선고 86다카2094 판결; 1988.4.12. 선고 88다카25 판결 참조), 원심이 판시한 바와 같이 전기사업법 제17조, 제19조 제2항과 위 공급규정 제15조 제2항에 의하여 바로 신수용가가 구수용가의 체납전기요금을 납부할 의무가 생기는 것이라고 할 수 없다.

전기사업법 제17조 제1항 소정의 "전기요금 기타 공급조건"이라 함은 전기를 공급받고자 하는 자 또는 전기를 사용하는 자가 일반전기사업자로부터 장래 전기를 공급받기 위한 전기공급계약의 내용으로 되는 사항 즉 일반전기사업자가 수용가에게 전기를 공급하는 방법, 이와 관련하여 수용가가 수인하거나 부담하여야 할 요금 기타 사항을 말한다고 할 것이고, 구수용가가 체납한 전기료납부의무의 승계에 관한 사항은 구수용가의 피고 한국전력공사에 대한 채무를 신수용가가 인수하느냐 하는 문제로서, 신수용가가 장래 위 피고로부터 전기를 공급받는데 관한 사항은 아니라고 할 것이며, 따라서 이러한 사항은 위 "전기요금 기타 공급조건"에 포함되지 아니한다고 보아야 할 것이다. 전기사업법시행령 제14조 제1항은 법 제17조 제1항의 규정에 의한 공급규정의 인가 또는 변경 인가의 기준에 관하여 규정하면서, 전기 공급규정에는 요금과 전기공사에 관한 내용, 비용부담관계, 일반전기사업자와 전기사용자간의 권리의무관계와 책임에 관한 사항을 명확하게 정하도록 하고 있고, 동 시행규칙 제22조의 규정에 의하면, 전기 공급규정에 정하여야 할 사항에 관하여 전기의 공급과 사용에 관한 사항(제1, 2, 3, 7 내지 12호)과 요금에 관한 사항(제4호), 전기시설공사로 인한 비용의 부담에 관한 사항(제5호) 및 제4호와 제5호 외에 전기사용자가 부담하는 것이 있는 경우에는 그 내용 및 금액 또는 금액결정방법(제6호)을 규정하도록 되어 있는바, 신수용가가 전수용가의 체납전기요금 납부의무를 승계하는 사항을 전기 공급규정의 내용으로 하도록 하고 있지는 않다. 일반전기사업자와 전기사용자간의 권리의무관계와 책임에 관한 위 시행령 제14조 제1항 제3호나 위 시행규칙 제22조 제6호의 규정이 구수용가의 체납전기요금 납부에 대한 신수용가의 승계에 관하여 규정할 것을 포함하는 것이라고 할 수도 없다.

이와 같이 구수용가의 체납전기요금 납부의무의 승계에 관한 위 전기공급규정에 관하여 원고가 동의를 하였다거나 그 동의가 유효하다고 인정되지 아니한 이상, 전기사업법 제17조 제1항, 제19조 제2항과 피고의 전기공급규정 제12조 제1항, 제15조 제2항에 의하여 바로 위 정운필의 체납전기요금 납부의무가 원고에게 승계된다고 할 수 없는 것이다. 원심판결에는 위 전기사업법의 규정과 전기공급규정에 관한 법리를 오해한 위법이 있다고 아니할 수 없다.

논지는 이유 있다.

2. 피고 부천시의 상고이유에 대하여

원심은 제1심판결 이유를 인용하여, ⓐ원고의 피고 부천시에 대하여 납부한 체납수도요금 상당의 부당이득반환청구에 대하여, ⓑ원고가 이 사건 공장을 경락받을 당시 수도요금이 체납되어 있는 사실을 전혀 알지 못하였는데, 그 후 위 피고가 소외 정운필의 수도요금 체납사실을 알리고 위 공장에 대하여 단수조치를 하면서 체납된 수도요금을 납부할 때까지는 수도물을 공급할 수 없다고 통보하므로, ⓒ원고로서는 수도물을 공급받지 못하면 위 공장을 가동할 수 없어 막대한 손해를 입게 된 궁박한 상태에 빠지게 되었고 달리 다른 곳으로부터 수도물을 공급받을 방도도 없어 부득이 체납된 수도요금을 납부한 사실을 인정한 다음, ⓓ위 수도요금 납부행위는 불공정행위로서 무효라고 할 것이어서 위 피고는 원고로부터 납부받아 법률상 원인 없이 이득한 수도요금상당액을 반환할 의무가 있다고 인정하고 원고의 위 청구를 인용하였다.

수도법 제17조의 규정에 의하여 제정된 피고 부천시의 수도급수조례(을 제3호증) 제22조에 의하면, 급수장치에 관한 권리의무는 당해 급수장치가 설치된 건물 또는 토지의 처분에 부수하며, 급수장치에 관한 소유 또는 관리권을 취득한 자는 이 조례에 의하여 그 취득전에 발생한 의무에 대하여도 이를 승계한다고 규정되어 있는 바, 위 피고는 위 규정에 의하여 원고가 위 정운필의 체납수도요금에 대한 납부의무를 승계하였고 결국 원고는 자신의 의무를 이행한 것에 불과하다고 주장하나, 위 규정은 급수장치에 관한 권리의무의 승계에 관한 것으로써 이 사건 공장의 구소유자인 위 정운필의 체납수도요금 납부의무가 위 공장에 대한 소유권을 취득하였다는 것만으로 원고에게 승계된다고 할 수 없다.
같은 취지의 원심판결은 정당하다.
또한 원심은 전소유자가 체납한 수도요금을 납부하지 아니하면 위 피고의 단수조치로 인하여 막대한 손해를 입게 될 부득이한 사정에서 자기의 자유로운 의사에 반하여 체납된 수도요금을 납부하였다는 이유로 위 피고의 비채변제주장을 배척하였는바, 원심의 사실인정과 판단은 정당하고 소론과 같은 채증법칙위배나 심리미진 또는 법리오해의 위법이 있다고 할 수 없다. 논지는 이유 없다.
이상의 이유로 원고의 상고는 이유 있어 원심판결 중 피고 한국전력공사에 대한 원고패소부분을 파기하고 이 부분 사건을 원심법원에 환송하며, 피고 부천시의 상고는 이유 없어 기각하고 이 부분의 상고비용은 위 피고의 부담으로 하여 관여 법관의 일치된 의견으로 주문과 같이 판결한다.

상반된 판결
어째서 이렇게 정반대의 판결이 나왔을까? 이들 소송에서 대법원은 상한이 분공전선에 주목했다. 낙찰자가 전기와 수도 공급거절 때문에 궁지에 몰린 매우 급한 상황에서 납부가 이루어졌느냐는 점이다. 부당하다는 사실은 알지만 절박하게 수도와 전기가 필요한지라 어쩔 수 없었을 경우가 그 예다.
따라서 낙찰자가 잔금을 납부 후 전기와 수도 공급 신청을 했음에도 거부당했을 경우는 바로 부당함을 알려야 한다. 해당 관청은 '그동안 체납된 수도요금과 전기요금을 내지 않으면 공급이 어렵다'는 말만 앵무새처럼 반복하기 일쑤다. 그럴 때는 담당자에게 차분하게 대법원 92다16669 판결문을 보여주자. "전 소유자의 체납 전기료와 수도료는 낙찰자가 승계하지 않는다"는 판결이 존재함을 알려주기만 하면 된다.

① 낙찰받은 부동산이 공사 중이어서 전기공사조차 제대로 끝나지 않았다면?
전기공사 면허등록업체를 골라 임시전기를 신청하여 공사부터 끝낸다. 그 후 한전에 전기사용 신청을 하면 한국전기안전공사가 사용 전 점검을 하러 나온다. 거기서 합격을 하면 계량기 설치와 동시에 전기를 공급받을 수 있다.

② 이미 전기 공사는 끝났지만, 체납만을 이유로 전기가 끊겼다면?

이럴 때는 일단 해당 사업소에 전기공급을 신청한다. 전기사업법(이하 '법'이라 한다) 제14조에 따르면 '발전사업자 및 전기판매사업자(이하 '전기판매사업자 등'이라 한다)는 정당한 사유 없이 전기의 공급을 거부하여서는 아니 된다'. 이어서 법 시행규칙 제13조는 전기판매사업자 등이 전기의 공급을 거부할 수 있는 8가지 사유를 들고 있다. 따라서 이들은 이 8가지 사유에 해당하지 않는 한 원칙적으로 전기의 공급을 거부할 수 없다(대법원2009마1930결정). 이 판례를 들어 전기공급 거부의 부당성을 주장한다면 체납전기요금은 더이상 골칫거리가 아닐 터이다.

● **전기사업법 제14조 (전기공급의 의무)**
발전사업자 및 전기판매사업자는 정당한 사유 없이 전기의 공급을 거부하여서는 아니 된다.

● **전기사업법 시행규칙 제13조 (전기의 공급을 거부할 수 있는 사유)**
① 법 제14조에 따라 발전사업자 및 전기판매사업자는 다음 각 호의 사유를 제외하고는 전기의 공급을 거부해서는 아니 된다.
1. 전기요금을 납기일까지 납부하지 아니한 전기사용자가 법 제16조에 따른 공급약관에서 정하는 기한까지 해당 요금을 내지 아니하는 경우
2. 전기의 공급을 요청하는 자가 불합리한 조건을 제시하거나 전기판매사업자의 정당한 조건에 따르지 아니하고 다른 방법으로 전기의 공급을 요청하는 경우
3. 전기사용자가 제18조에 따른 표준전압 또는 표준주파수 외의 전압 또는 주파수로 전기의 공급을 요청하는 경우
4. 발전용 전기설비의 정기적인 보수기간 중 전기의 공급을 요청하는 경우(발전사업자만 해당한다.)
5. 전기를 대량으로 사용하려는 자가 다음 각 목에서 정하는 시기까지 전기판매사업자에게 미리 전기의 공급을 요청하지 아니하는 경우
가. 용량 5천 kw(「건축법 시행령」 별표 1 제14호에 따른 업무시설 중 나목에 해당하는 경우에는 2천 kw) 이상 1만 kw 미만: 사용 예정일 1년 전
나. 용량 1만 kw 이상 10만 kw 미만: 사용 예정일 2년 전
다. 용량 10만 kw 이상 30만 kw 미만: 사용 예정일 3년 전
라. 용량 30만 kw 이상: 사용 예정일 4년 전
6. 법 제66조 제1항 본문에 따른 전기설비의 사용 전 점검을 받지 아니하고 전기공급을 요청하는 경우
7. 법 제66조 제6항 또는 다른 법률에 따라 시·도지사 또는 그 밖의 행정기관의 장이 전기공

급의 정지를 요청하는 경우
8. 재해나 그 밖의 비상사태로 인하여 전기공급이 불가능한 경우
② 전기를 대량으로 사용하려는 자가 전기판매사업자에게 미리 전기의 공급을 요청하는 경우에는 별지 제9호서식의 전력 수전예정통지서로 한다.
[전문개정 2009.11.20] [[시행일 2009.11.22]]

대법원 2010.2.11. 자 2009마1930 결정【가처분이의】

【판시사항】
전기요금 미납으로 전기사용계약이 적법하게 해지되어 전기공급이 중단된 상태에서 전기사용자에 대한 회생절차가 개시되어 미납전기요금이 회생채권으로 신고가 되고 그 후 회생채무자의 관리인이 전기공급을 요청한 사안에서, 회생채권인 미납전기요금의 미변제를 이유로 전기공급을 거절하는 것은 전기사업법 제14조의 '정당한 사유'에 해당하지 않는다고 한 사례.

【이 유】
재항고이유를 판단한다.
전기사업법(이하 '법'이라 한다) 제14조는 "발전사업자 및 전기판매사업자(이하 '전기판매사업자등'이라 한다)는 정당한 사유 없이 전기의 공급을 거부하여서는 아니 된다"라고 규정하고 있고, 법 시행규칙 제13조는 전기판매사업자등이 전기의 공급을 거부할 수 있는 8가지 사유를 열거하고 있는바, 전기판매사업자등은 법 시행규칙에서 열거된 사유에 해당되지 않는 한 원칙적으로 전기의 공급을 거부할 수 없다. 다만, 법 시행규칙 제13조 제1호는 '전기요금을 납기일까지 납부하지 아니한 전기사용자가 법 제16조에 따른 전기공급약관에서 정하는 기한까지 해당 요금을 내지 아니하는 경우'를 전기공급을 거부할 수 있는 사유로 규정하고 있으므로, 전기판매사업자등은 특별한 사정이 없는 한 전기공급약관에 따른 전기요금을 납부하지 않은 전기사용자에 대하여는 전기의 공급을 거부할 수 있다.
한편, 회생절차가 개시되면 채무자의 업무수행권과 재산의 관리·처분권이 관리인에게 전속하게 되고, 회생채권의 개별적인 권리행사는 금지되며, 회생계획이 인가되면 회생채권은 그 채권금액 및 변제기일 등 그 권리의 내용 및 행사방법이 회생계획에 정해진 대로 변경되므로, 애초의 회생채권은 회생절차를 통하여 권리의 내용 및 행사방법이 제한되게 된다.
원심결정의 이유 및 이 사건 기록에 의하면, 상대방이 2002. 1.경 재항고인과 사이에 이 사건

공장 등에 대하여 전기사용계약(이하 '이 사건 전기사용계약'이라 한다)을 체결하고 그 무렵부터 재항고인으로부터 전기를 공급받은 사실, 상대방이 2008. 6.분부터 전기요금을 미납하자 재항고인은 2008. 11. 17. 상대방이 2개월 이상 전기요금을 미납하지 않음을 이유로 전기공급약관 제15조, 제45조에 따라 이 사건 전기사용계약을 해지하고, 이 사건 공장 등에 대한 전기공급을 중단한 사실, 상대방은 2009. 1. 20. 대전지방법원에 회생절차개시신청을 하여 2009. 2. 18. 회생개시결정을 받은 사실, 상대방은 재항고인에 대한 이 사건 전기사용계약에 기한 미납 전기요금 124,750,520원을 회생채권으로 신고한 사실, 상대방은 재항고인에게 이 사건 공장 등에 대한 전기공급을 요청하였으나, 재항고인은 미납전기요금이 납부되지 않고 있다는 이유로 상대방에 대한 전기공급을 거부하고 있는 사실을 알 수 있다.

위 법리에 비추어 이 사건을 보면, 재항고인은 한국전력공사법에 의하여 전력자원의 개발 및 발전·송전·변전·배전 및 이와 관련되는 영업을 목적으로 설립된 법인으로서 전기사업법에 따라 정당한 사유가 없는 한 전기의 공급을 거절할 수 없는데, 상대방에 대한 회생절차의 개시로 인하여 재항고인도 회생채권인 전기요금채권을 바로 행사하지 못하고, 상대방측도 그 미납전기요금을 임의로 지급할 수 없게 되었다면, 비록 상대방이 전기요금을 납기요금의 미변제를 이유로 상대방에 대한 전기공급을 거부하는 것은, 전기사업자로서의 독점적 지위를 이용하여 회생절차 개시로 그 권리행사가 제한되어 있는 체납전기요금에 대한 즉시 변제를 강요하는 것이 되고, 나아가 다른 회생채권자의 권리를 해하는 결과에 이르게 되므로, 전기사업법에 의하여 원칙적인 전기공급의무를 부담하는 재항고인이 전기공급을 거부할 수 있는 정당한 사유에 해당하지 않는다고 봄이 상당하다.

같은 취지에서 원심이, 재항고인이 회생절차개시신청 전의 공급으로 발생한 회생채권을 변제받지 못하였다는 이유로 전기공급을 거절하는 것은 전기사업법 제14조의 정당한 사유에 해당하지 않는다고 판단한 것은 정당하고, 거기에 상고이유로 주장하는 바와 같은 전기사업법상 전기판매사업자등의 전기공급의무에 대한 법리오해나 채사업자등이 전기의 공급을 거부할 수 있는 8가지 사유를 열거하고 있는바, 전기판매사업자등은 법 시행규칙에서 열거된 사유에 해당되지 않는 한 원칙적으로 전기의 공급을 거부할 수 없다. 다만, 법 시행열규칙 제13조 제1호는 '전기요금을 납기일까지 납부하지 아니한 전기사용자가 법 제16조에 따른 전기공급약관에서 정하는 기한까지 해당 요금을 내지 아니하는 경우'를 전기공급을 거부할 수 있는 사유로 규정하고 있으므로, 전기판매사업자등은 특별한 사정이 없는 한 전기공급약관에 따른 전기요금을 납부하지 않은 전기사용자에 대하여는 전기의 공급을 거부할 수 있다. 한편, 회생절차가 개시되면 채무자의 업무수행권과 재산의 관리·처분권이 관리인에게 전속하게 되고, 회생채권의 개별적인 권리행사는 금지되며, 회생계획이 인가되면 회생채권은 그 채권금액 및 변제기일 등 그 권리의 내용 및 행사방법이 회생계획에 정해진 대로 변경되므로, 애초의 회생채권은 회생절차를 통하여 권리의 내용 및 행사방법이 제한되게 된다.사업자등이 전기의 공급을 거부할 수 있는 8가지 사유를 열거하고 있는바, 전기판매사업자등은 법 시행규칙에서 열거된 사유에 해당되지 않는 한 원칙적으로 전기의 공급을 거부할 수 없다. 다만, 법 시행규칙 제13조 제1호는 '전기요금을 납기일까지 납부하지 아니한 전기사용자가 법 제16조에 따른 전기공급약관에서 정하는 기한까지 해당 요금을 내지 아니하는 경우'를 전기공급을 거부할 수 있는 사유로 규정하고 있으므로, 전기판매사업자등은 특별한 사정이 없는 한 전기공급약관에 따른 전기요금을 납부하지 않은 전기사용자에 대하여는 전기의 공급을 거부할 수 있다.

한편, 회생절차가 개시되면 채무자의 업무수행권과 재산의 관리 · 처분권이 관리인에게 전속하게 되고, 회생채권의 개별적인 권리행사는 금지되며, 회생계획이 인가되면 회생채권은 그 채권금액 및 변제기일 등 그 권리의 내용 및 행사방법이 회생계획에 정해진 대로 변경되므로, 애초의 회생채권은 회생절차를 통하여 권리의 내용 및 행사방법이 제한되게 된다.

원심결정의 이유 및 이 사건 기록에 의하면, 상대방이 2002. 1.경 재항고인과 사이에 이 사건 공장 등에 대하여 전기사용계약(이하 '이 사건 전기사용계약'이라 한다)을 체결하고 그 무렵부터 재항고인으로부터 전기를 공급받은 사실, 상대방이 2008. 6.분부터 전기요금을 미납하자 재항고인은 2008. 11. 17. 상대방이 2개월 이상 전기요금을 미납하지 않았음을 이유로 전기공급약관 제15조, 제45조에 따라 이 사건 전기사용계약을 해지하고, 이 사건 공장 등에 대한 전기공급을 중단한 사실, 상대방은 2009. 1. 20. 대전지방법원에 회생절차개시신청을 하여 2009. 2. 18. 회생개시결정을 받은 사실, 상대방은 재항고인에 대한 이 사건 전기사용계약에 기한 미납 전기요금 124,750,520원을 회생채권으로 신고한 사실, 상대방은 재항고인에게 이 사건 공장 등에 대한 전기공급을 요청하였으나, 재항고인은 미납전기요금이 납부되지 않고 있다는 이유로 상대방에 대한 전기공급을 거부하고 있는 사실을 알 수 있다.위 법리에 비추어 이 사건을 보면, 재항고인은 한국전력공사법에 의하여 전력자원의 개발 및 발전 · 송전 · 변전 · 배전 및 이와 관련되는 영업을 목적으로 설립된 법인으로서 전기사업법에 따라 정당한 사유가 없는 한 전기의 공급을 거절할 수 없는데, 상대방에 대한 회생절차의 개시로 인하여 재항고인도 회생채권인 전기요금채권을 바로 행사하지 못하고, 상대방측도 그 미납전기요금을 임의로 지급할 수 없게 되었다면, 비록 상대방이 전기요금을 납부하지 않아 이 사건 전기사용계약이 적법하게 해지되어 전기공급이 중단되었다고 하더라도, 재항고인이 미납전기요금의 미변제를 이유로 상대방에 대한 전기공급을 거부하는 것은, 전기사업자로서의 독점적 지위를 이용하여 회생절차 개시로 그 권리행사가 제한되어 있는 체납전기요금에 대한 즉시 변제를 강요하는 것이 되고, 나아가 다른 회생채권자의 권리를 해하는 결과에 이르게 되므로, 전기사업법에 의하여 원칙적인 전기공급의무를 부담하는 재항고인이 전기공급을 거부할 수 있는 정당한 사유에 해당하지 않는다고 봄이 상당하다. 같은 취지에서 원심이, 재항고인이 회생절차개시신청 전의 공급으로 발생한 회생채권을 변제받지 못하였다는 이유로 전기공급을 거절하는 것은 전기사업법 제14조의 정당한 사유에 해당하지 않는다고 판단한 것은 정당하고, 거기에 상고이유로 주장하는 바와 같은 전기사업법상 전기판매사업자등의 전기공급의무에 대한 법리오해나 채무자회생 및 파산에 관한 법률 제122조 제1항에 대한 법리오해 및 판단유탈 등의 위법이 없다.
그러므로 재항고를 기각하기로 하여 관여 대법관의 일치된 의견으로 주문과 같이 결정한다.

[서울고법 1987.6.19. 선고, 86나3515, 제9민사부판결]채무부존재확인등청구사건
【판시사항】
한국전력공사가 공장건물을 취득한 자에 대하여 전수용가의 체납요금을 부담시키는 것이 궁박을 이용한 불공정행위에 해당될 수 있는지 여부

【판결요지】
전수용가의 전기요금체납으로 단전된 상태를 모르고 공장건물을 매수하여 많은 돈을 들여 설비투자를 하고 또 수출선적일자에 몰리고 있는 자가, 국내 독점적 전기공급회사인 한국전력공사에서 전수용가의 체납요금을 부담하지 않으면 전기공급을 거절한다 하므로 하는 수 없이 그 체납요금을 부담하는 약정을 하였다면 이는 민법 제104조 소정의 불공정행위에 해당한다.

알아두면 유용한 판결 총정리

① 분양되지 않아 소유자가 정해지지 않은 상황, 실질적인 관리단이 구성되지 않은 경우에는 낙찰자가 체납관리비를 부담할 의무가 없다(대법원96다12054판결).
② 전입주자대표회장이 체납관리비와 연체료 면제를 약속했다는 이유 등으로 아파트입주민은 체납관리비 납부를 거부할 수 없다(대구지방법원).
③ 아파트 선수관리비와 장기수선충당금은 낙찰자가 부담하지 않아도 된다.
④ 임차인이 임대기간 동안 사용·수익한 전기료, 수도료, 관리비 등은 임차보증금에서 공제할 수 있다(대법원 2012다19154판결).
⑤ 해당 부동산의 소유권이 순차로 여러 번 이전된 경우 현재 구분 소유권을 보유하고 있는 최종 특별승계인뿐만 아니라 그 이전의 소유자들도 현 소유권의 보유 여부와 상관없이 공용부분에 관한 종전 구분 소유자들의 체납 관리비 채무를 부담한다(대법원 2006다50420판결).

⑥ 낙찰자가 전 소유자의 체납 관리비를 변제한 경우 앞으로 매도 시 필요경비에 해당되어 양도세 혜택을 받을 수 있다(서울고법2012누3608판결).
⑦ 공단공장체납 전기기본료는 공용 부분 체납관리비에 해당한다(서울고법2012나53491판결). 즉, 비록 전 소유자가 전기를 사용하지 못했고 폐업으로 공장이 비어 있었더라도 공장을 경락받은 자는 전 소유자의 승계인으로서 전기 기본요금을 지급할 의무가 있다. 단지가 체결한 전기 기본요금은 건물 전체에서 전기를 사용할 수 있도록 하는 전체 입주자 공동이익을 위해 집합건물을 통일적으로 유지·관리해야 할 필요가 있어 이를 일률적으로 지출하지 않으면 안 되는 성격의 비용으로 공용부분 관리비로 보는 것이 타당하기 때문이다.
⑧ 집합건물의 소유 및 관리에 관한 법률에 정한 관리단의 성립 절차 및 전유부분을 여러 명이 공유할 경우 관리단 집회에서 의결권 행사자를 정한다. (대법원2012다4985)

대법원 2013.3.28. 선고 2012다4985 판결

【판시사항】
 구 집합건물의 소유 및 관리에 관한 법률 제23조 제1항에 정한 관리단의 성립 절차 및 전유부분이 수인의 공유에 속하는 경우 관리단집회에서 의결권을 행사할 자를 정하는 방법

【판결요지】
 구 집합건물의 소유 및 관리에 관한 법률(2010. 3. 31. 법률 제10204호로 개정되기 전의 것, 이하 '집합건물법'이라 한다) 제23조 제1항은 "건물에 대하여 구분소유관계가 성립되면 구분소유자는 전원으로서 건물 및 그 대지와 부속시설의 관리에 관한 사업의 시행을 목적으로 하는 관리단을 구성한다."고 규정하고 있다. 이러한 관리단은 어떠한 조직행위를 거쳐야 비로소 성립되는 단체가 아니라 구분소유관계가 성립하는 건물이 있는 경우 당연히 구분소유자 전원을 구성원으로 하여 성립되는 단체이고, 구분소유자로 구성되어 있는 단체로서 위 법 제23조 제1항의 취지에 부합하는 것이면 존립형식이나 명칭에 불구하고 관리단으로서의 역할을 수행할 수 있다. 그리고 집합건물법 제37조는 구분소유자의 의결권은 규약에 특별한 규정이 없으면 전유부분의 면적 비율에 의한 지분비율에 따르도록 하는 한편(제1항), 전유부분을 여럿이 공유하는 경우에는 공유자는 관리단집회에서 의결권을 행사할 1인을 정하도록 규정하고 있다(제2항). 따라서 전유부분의 공유자는 서로 협의하여 공유자 중 1인을 관리단집회에서 의결권을 행사할 자로 정하여야 하고, 협의가 이루어지지 않을 경우에는 공유물의 관리에 관한 민법 제265조에 따라 공유지분의 과반수로써 의결권 행사자를 정하거나 공유자 중 전유부분 지분의 과반수를 가진 자가 의결권 행사자가 된다.

Scene **15** 화기애애
　　　　　사우나

;모두가 영업재개를 기다린다

　드디어 온갖 밀린 요금들이 다 마무리되었다. 다음날 바로 관리사무소로 찾아갔더니 관리소장이 반갑게 맞는다.
　"어서 오세요. 그동안 고생이 많으셨죠."
　"고생은요, 뭘."
　"유 사장님, 잠시만요, 입주자대표와 감사님이 꼭 한번 뵙기를 원하셔서요. 잠깐 전화로 내려들 오시라 하겠습니다."
　그러면서 관리소장은 이리저리 전화를 돌렸다.
　"두 분 다 지금 바로 오신다고 합니다."
　관리소장과 이런저런 이야기를 하고 있는데, 5분도 채 되지 않아 입주자대표와 감사라는 사람이 사무실로 들어왔다.
　"이분이 이번에 저희 건물 안에 사우나를 경매로 낙찰받으신 유 사장님입니다."

"안녕하세요, 유영수입니다."

"안녕하세요! 낙찰받으신 분이 궁금했는데, 이렇게 뵈니 좋네요."

"아무쪼록 잘 부탁합니다."

관리소장을 포함한 세 사람은 봇물 터지듯이 이야기를 쏟아냈다. 일 년 가까이 사우나가 장사를 하지 않아 입주민들도 매우 불편해한다, 빠른 시일 안에 문을 열어주셨으면 좋겠다는 내용이 주였다. 자신들도 적극적으로 돕겠다며 이구동성이다. 아마도 고소한다는 내용증명을 받아 보고 무척 겁이 났다가 소송을 하지 않자 내게 꽤 고마움을 느끼고 있는 듯했다.

Scene **16** 대단원을 장식한
전기요금

;행정이 막힐 때는 차근차근 설명하자

관리소장에게 사우나 출입문 열쇠를 받자마자 가보기로 했다. 상당한 시간 동안 전기와 수도가 끊긴 곳이다 보니 하루라도 빨리 다시 시설을 가동해야 할 상황이었다.

평소 알고 지내는 기술자에게 점검을 문의했더니 전기와 수도부터 들어와야 한단다. 연구원 한 명을 급히 한전과 수도사업소로 보냈다. 1시간쯤 지났을까, 연구원에게 다급한 전화가 왔다.

"응, 어디야?"

"원장님, 여기 한전인데 문제가 좀 생겼습니다."

"무슨 문제?"

"담당 직원 말이, 전기료가 1,800만 원 밀려 있어서 이걸 다 내지 않으면 전기 개설을 해줄 수 없답니다."

"무슨 소리야? 대법원 판례가 있잖아. 낙찰자는 전 소유자가 체납한 전기료를 승계하지 않는다고."

"저도 그렇게 이야기했는데 막무가내예요."

"그럼 담당 공무원 좀 바꿔 줘봐."

잠시 후, 별로 유쾌하지 않은 듯한 목소리가 귓가에 울렸다.

"여보세요?"

"안녕하세요. 저는 서울부동산칼리지 유영수 원장이라고 합니다."

'서울부동산칼리지'이라는 말에 대학교라고 착각한 걸까? 갑자기 말투가 공손해진다.

"네, 안녕하세요."

"선생님, **대법원 판례 92다16669판결**에 보면 낙찰자는 전 소유자의 체납전기요금을 인수하지 않습니다."

굳이 내가 처음부터 대법원 사건번호까지 언급한 이유는 쓸데없는 소모전을 않기 위해서였다. '나도 전문가다. 할 테면 해보자!'라는 고요한 선전포고이기도 하다.

"그런 판결이 있었나요?" 목소리가 아까보다도 한층 더 수그러든다.

"필요하시면 바로 팩스로 해당 대법원 판결문을 보내드리겠습니다."

"아, 그렇게 해주시면 고맙지요."

대법원 판결을 팩스로 보내고 이제는 해결되었으려니 하고 있는데, 또다시 따리링 연구원의 번호가 떴다.

"원장님. 등기부 등본을 가져와야 신규로 설치할 수 있다는데요…."

순간 울컥, 짜증이 올라왔다.

"어이구! 경매로 낙찰받은 물건에 등기부 등본이 어디 있어?"

다시 담당 직원과 통화를 했다.

"부동산 소유권을 타인에게 넘기려면 소유권이전 등기를 해야 하고, 등기 이후에야 효력이 발생합니다. 원칙적으로는 파는 사람과 사는 사람이 함께 등기소에 가서 신청해야 하지요. 그런데 다들 바쁘다 보니 보통 대리인인 법무사를 통해서 합니다."

뜬금없이 부동산 경매 강의를 들어야 하는 한전 직원이 조금 안쓰럽기는 했다. 하지만 여기서 굽힐 소냐.

"그런데 경매로 나온 물건은 그게 더 어렵습니다. 소유자는 도망가고 없거나, 설령 있더라도 순순히 등기 따위 해주지 않지요. 아니, 자기 집이 경매로 넘어간 판국에…. 낙찰자가 '우리 등기하러 갈까요?' 하면 '가시죠!'라고 웃으면서 손잡고 가겠습니까?"

사실이다. 그래서 예외적으로 경매로 나온 물건은 법원의 촉탁으로 소유권이전 등기가 되고, 민사집행법 제135조는 '매각대금을 완납했을 때 소유권을 취득한 것으로 본다'고 규정하고 있다.

"제가 보낸 직원이 가지고 간 매각대금완납증명원이 등기부 등본과 같은 효력을 발휘합니다."

담당 직원은 이제 이해가 가는지 알았다는 말과 함께 전화를 끊었다. 특히 지방 물건을 노리는 경매 초보자들은 이런 사항들을 잘 알아두어야 한다.

서울에서는 이런 민원이 자주 발생하는 만큼 담당 공무원들도 경험이 많다. 반면 지방공무원들은 생소해한다.

실력이 부족해서가 아니라 경험의 차이다. 그러니 대뜸 '그것도 모르느냐'고 화부터 내지 말고 해당 대법원 판례나 법조문 등을 복사해 가면 일 처리가 빠르다. 이쪽은 차근차근 설명할 수 있으니 좋고, 담당 공무원에게는 해당 업무의 정당성을 확보할 수 있기 때문이다.

행여 이 일과 관련해 그 어떤 감사가 나오더라도 확실한 근거가 있으면 담당 공무원은 신상에 불이익을 당할 일이 없지 않은가. 그래야 비로소 이들도 민원을 우리가 원하는 방향으로 처리할 수 있다.

연구원에게 마지막으로 전화가 왔다.

"내일 오전까지 전기를 신규로 개설해 주겠다는 확답을 받고 나왔습니다." 이제 수도요금을 해결하러 남부수도사업소로 가는 중이라기에 비슷한 조언을 해주었다.

관련 대법원 판례^{92다16669판결}와 인천광역시^{수도급수조례 제24조} 등을 보여주면 잘 통하리라 믿었고, 그대로 되었다.

경매 컨설팅 업체처럼 쟁쟁한 전문가들도 두 손 든 어려운 물건, 거금의 입찰보증금을 날려가면서까지 포기한 경매 건을 해결했다.

11월 5일에 낙찰을 받아 11월 22일에 잔금납부를 하고, 연체 관리비 등 일체를 변호사와 11월 29일에 합의하고 영수증을 받았다. 채 한 달도 되지 않아 모든 걸림돌이 없어진 셈이다. 유치권과 체납관리비를 해결하는 그 기간 동안 이미 이 사우나를 임대하기 위해 여러 부동산에 내놓아 보았다. 위치와 시설이 좋아서 그런지 보러 오는 사람이 많았다. 그중 이곳 사정을 잘 아는 분에게 보증금 1억 원, 월 400만 원의 조건으로 세를 주었다. 낙찰 후 2개월이란 짧은 시간 동안 순수하게 투자한 금액은 1억 5,000만 원가량이었다. 월세 400만 원이면 수익 면에서 꽤 짭짤하지 않나? 게다가 최근에는 12억 원에 팔라는 사람까지 있다고 한다. 팔아야 할지 말아야 할지, 이 원장은 지금 즐거운 고민 중에 있다.

BOX 8

Step by Step! 낙찰 후 대출받기

낙찰의 기쁨도 채 가시지 않았는데 해야 할 일은 물밀 듯 몰려드는 것이 경매. 그중 빼놓을 수 없는 과정이 '대출'이다. 여하튼 잔금을 내지 못하면 낙찰된 물건은 내 소유가 되지 않으니 끝까지 잘 처리해야 한다. 물론 꼼꼼히 대출이율을 따져서 수익률을 극대화해야 함도 잊지 말 것.

Step 1: 나는야 최고가매수신고인
경매 세계에 들어서서 듣게 되는 가장 기분 좋은 말, '최고가 매수신고인'. 바로 내가 낙찰자라는 뜻이다. 낙찰 후 7일이 지나면 매각허가가 떨어진다. 대출을 알아보는 시점은 이 이후가 효율적이다. 아직 항고 기간이 남아있으니 혹시 생길지도 모르는 취하에 대비하자.

Step 2: 대출 조건 꼼꼼히 따지기
낙찰자가 되는 순간 우르르~대출을 권하는 아줌마부대들이 전화번호를 받아간다. 직장에 다니는 경우 특히 이 단계에서 주의가 필요한데, 반드시 '문자로 조건을 먼저 보내달라'라고 하는 게 좋다. 문자로만 해롱아놔 나음닐부터 일팀음 때문에 진화통에 불이 난다. 간혹 전회 통화를 원하는 사람이 있더라도 '문자로 보내주시면 연락드리겠다'고 전하자.

그렇게 모아놓은 문자를 하나씩 확인하며 저렴하고 마음에 드는 후보들을 정리한다.

	A	B	C	D
1		신한	보험사	수협
2	한도	80%	80%	80%
3	금리 변동	4.80%		5.00%
4	금리 고정		1년 5.2	
5	설정비	면제	면제	3년 동안 2%
6	취급수수료	2%	2.3%	2%
7	중도상환	2년동안 1.5 (매년 원금 10% 중도 면제)	없음	2년 1.4%
8	소득증빙	원천징수 소득금액증명원 사업자 등..	소득증빙 무	소득증빙 무
9	대출기간 상환	3년 만기일		
10	연락처	최**님, 010-**-8888	이**, 011-2**-****	김**, 010-****-****

Step 3: 직접 업체에 전화해 비교견적 받기

대략 조건에 맞는 곳 두어 군데를 추렸으면 전화해서 직접 견적을 받는다. 명함을 주었던 대출 중개인에게 통화하는 것이다. (부동산에 중개인이 있듯이 경매계에도 대출 중개인이 있다.)

"문자 받고 전화 드렸습니다. 대출 실행하려고요. 사건번호 20**타경 ****번입니다."
그러면 보통 중개인은 조회를 실행해 본 후 다시 연락을 주겠다고 한다. 빠르면 당일 내로 연락이 오기도 하지만, 금요일 오후 같은 경우 주말이 끼어 다음 주 월요일이나 되어야 연락이 오기도 한다.

Step 4: 대출 조건을 다시 한 번 확인!

조회 후에는 대략적인 대출 가능 금액을 알 수 있으며, 자신의 신용도에 따라 견적 금리가 조금씩 달라지기도 한다. 대출 중개인에게 조회 후 연락을 받았을 때, 그래서 더욱 꼼꼼한 확인이 필요하다.

내가 준비해야 할 서류는? 본인의 직업 (사업자냐 직장인이냐에 따라 준비 서류가 달라진다).
소유 주택 개수 (취·등록세가 달라진다.) 등을 알려주고 소득 증빙 필요 여부를 묻는다.
금리 조정 여부? 신용에 따라 금리가 달라질 수 있으니 확실한 최종 금리 알아보기.
법무사 내역서 받기 조건을 확인하고 나면 대출중개인은 법무사를 통해서 전체 비용을 알려준다. 이때 유선으로만 듣지 말고 법무사 내역서를 보내달라고 할 것.

Step 5: 최종 대출 업체 확정

이렇게 비교 견적을 받은 업체 중 한 곳을 확정하여 결정한다. 인도명령 서비스가 제공되는지 살짝 물어보아도 좋고, 용기가 있다면 더 저렴하게 가격조정이 가능한지 알아보아도 좋다. 어차피 잃을 건 없다.

이 단계까지만 마치면 대출의 길은 절반 이상 끝난 거나 마찬가지!

Step 6: 은행에서 서류 마무리하기

대출중개인은 이어 은행에서의 절차를 알려줄 것이다. 은행에 직접 가서 여러 가지 서류들에 자필 서명을 해야만 절차가 완료되기 때문. 지정 은행과 담당자 이름을 알려주면 메모하고, 필요하면 날짜를 조정한 후 방문한다.
이 때 워낙 서명해야 할 서류가 많다 보니 건성으로 하고 오기 쉬운데, 모르는 용어가 있거나 견적 때에 비해 달라진 조건이 있으면 반드시 확인해야 한다.

Step 7: 송금하기

은행 방문 후 사나흘 정도 지나면 은행에서 송금 계좌를 알려준다. 이 계좌로 사건처리비용에 나온 총합계 금액을 송금하면 모든 대출 절차가 끝난다.

대개 자잘하고 복잡한 업무는 은행과 법무사가 주도하고, 낙찰자는 필요한 서류만 준비하면 된다. 잔금 납부와 인도 명령 신청도 법무사에서 알아서 해주니 이후 등기부 등본 수신용 주소만 알려 주면 복잡할 게 없다. 일주일쯤 지나면 두툼한 봉투에 담긴 영수증과 관련 서류들이 도착할 것이다.

잘만 활용하면 경매 수익의 지렛대 역할을 해주는 대출, 확실하게 챙겨 무기로 삼자.

이야기 셋

경매, 포기하긴 이르다

◎ **우상들의 공통점**

한 사람이 여기 있다. 축구선수가 꿈인 아이에게 닮고 싶은 선수 이름을 물으면 누구라고 말할까? 절반 이상은 "박지성 선수요!" 하고 소리 높여 대답한다. 축구선수들의 로망인 프리미어리그에서 당당히 이름을 떨치면서 세계 최고의 선수들과 어깨를 나란히 하고 있다. 한국 사람이라면 심지어 축구에 관심이 없는 이들도 모르는 사람이 없는 스포츠 스타다. 사생활 일거수일투족조차 일간지의 뉴스거리가 될 정도이니 두말할 것도 없다.

또 한 사람이 여기 있다. 발레리나 강수진은 2007년 독일 인간문화재 칭호인 '캄머탠처린 kammertanzerin : 궁중무용수'으로 선정된 세계적인 무용수다. 슈투트가르트 발레단 50년 역사상 단 4명에게만 주어진 '존 크랑코 John Cranko'상, 최고 여성무용수에게 주어지는 '브누아 드 라 당스 상 Prix Benois de la danse'까지 받는 등 권위 있는 상은 모두 휩쓸다시피 했다. 프리마돈나의 그랜드슬램을 이룬 사람이 강수진이다.

두 사람의 성공신화를 본 사람들은 현재의 모습을 보며 무척이나 부러워한다. "얼마나 행복할까? 하루하루가 레드카펫이잖아." 그러면서 애써 그 사람들과 우리의 삶을 구분 지으려 한다. 애초에 사는 세계가 다르다는 듯이.

◎ **혹사에 가까운 훈련으로 꿈을 이루다**

그러나 박지성 선수는 평발이라서 사실 축구선수로 성공하기에는 힘든 신체조건이었다. 주변에 평발을 가진 이가 있다면 한번 물어보라. 일상적인 생활에서 조금 오래 걷기만 해도 힘든 게 평발이다. 그러나 그이는 좌절하지 않고 이런 약점을 극복하기 위해서 발 구석구석 공이 3천 번씩 닿도록 끊임없이 훈련했다고 한다. 당연히 발은 상처투성이에 여기저기 굳은살이 박여 있다. 볼이 좁은 축구화를 오래 신은 탓에 다른 발가락들보다 치켜 올라간 엄지발가락, 수백 번씩 벗겨지다 못해 시커멓게 죽어버린 뒤꿈치 살을 보라.

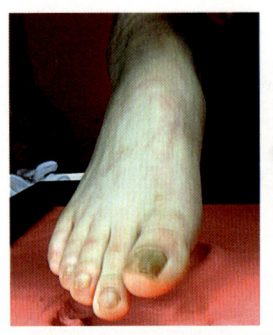 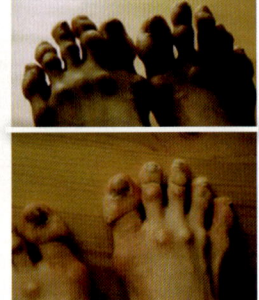

박지성 발(왼쪽), 강수진 발(오른쪽)

강수진도 마찬가지다. 발레 분야는 '타고는 외모와 체형이 곧 재능'이라는 말이 나돌 정도로 벽이 높다. 동양인들이 길쭉하고 납작한 몸, 작은 두상에 파리한 눈빛의 서양인들 틈에서 성공하기란 정말 어려운 게 현실이다. 심지어는 서양인들조차도 러시아계 프리마돈나들의 체형조건을 보며 눈물을 삼킨다는 소리가 있을 정도니 말이다. 그래서 더욱 강수진의 성공은 빛을 발한다. 그러나 그 성공이 행운 때문이었을까?

언젠가 그이의 발 사진을 본 적이 있는데, 순간 정말로 이 아름다운 발레리나의 발인가 싶어 눈을 의심했다. 피멍이 든 데다 발톱은 몇 차례나 빠진 흔적으로 뒤틀어지고, 발가락 마디마다 옹이가 박혀 있었다. 못 생기고 볼품없는 발이었다. 무대 위 우아하고 화려한 이미지와는 전혀 어울리지 않았던 그 발은 충격과 동시에 감동을 주었다. 호기심도 함께 일었다. '대체 뭘 했기에 발이 저 모양이 되었나?'

그 후 들은 일화들을 추리면 이렇다. 발레학교에서 3주에 한 켤레씩 일괄 지급되던 토슈즈를, 강수진은 하루에 3개씩 닳아 없앴다고 한다. 발에 처음엔 물집과 굳은살이 박이고 발톱이 빠지더니, 이내 뼈가 뒤틀리고 살이 뭉개지더란다. 그래도 이 어린 소녀는 연습을 멈추지 않았다. 뼈가 그대로 나온 발로 서 있기가 너무 힘든 날엔 정육점에 가서 쇠고기를 한 근 샀다. 튀어나온 뼈 위에 생고기를 덧대고 또 연습하기 위해서였다.

"아침에 눈을 뜨면 늘 어딘가가 아프고 아프지 않은 날은 '내가 연습을 게을리했구나!'하고 반성하게 됩니다. 몸이 피곤한 날은 도저히 못 할 것 같다는 생각이 들다가도 일단 토슈즈를 신고 연습실에 서면 말할 수 없이 행복한 기분이 듭니다. 발레를 하면 거의 매일 아프기 때문에 통증을 친구로 여기게 되었습니다."
한 언론과의 인터뷰에서 그이가 했던 말이 아직도 여운으로 남아있다.

◎ **노력은 어떤 것이든 보답 받는다**
한 시대의 아이콘인 두 사람의 공통점은 바로 끊임없는 노력이다. 자기 분야에서 최고가 되기 위해, 자신이 가진 장애를 뛰어넘기 위해 남들보다 백 배, 천 배 노력했다.
축구는 스포츠고 발레는 예술이지만 노력은 장르를 가리지 않고 결과를 안겨준다. 경매라고 해서 다르지 않다.

그동안 여기저기 기고한 칼럼을 통해 소개했던 투자 일화들, 혹은 전작인 「나는 경매로 월세 2천만 원 받는다」에 있는 사례들 탓일까? 활자로만 나를 대한 이들은 다소 부풀려진 환상을 가지고 있는 듯하다. 복잡한 유치권처럼 이리저리 꼬인 물건과 사건들을 해결하는 특별한 능력자처럼 말이다.
"원장님께선 타고난 무언가가 있으신가 봐요. 부러울 따름입니다." 하지만 전혀 그렇지 않다. 나는 '타고난 경매의 신'도 아니고, 전국의 부동산이 실시간으로 감시되는 대형모니터 수십 개를 벽에 매달아 놓거나 하지도 않았다. 그러면 어떻게 지금 이 자리까지 왔느냐고? 물론, 보통 사람들과 다른 점은 있다. 사람들은 경매에 나서보겠다고 결심하면 경매물건을 하루에 한두 개 검색하는 정도가 고작이다. 해당 물건지에도 많이 가야 두세 번 방문하고 입찰한다. 그러다가 낙찰에 실패하면 금세 우는 소리를 낸다.

"경매가 너무 어려워요. 이제 그만두겠습니다. 어차피 경매로 돈 벌 시기는 지났어요."
"이제 법원경매는 끝물 아닙니까?"
하는 식이다. 이 정도면 나는 오히려 상대방을 타고난 천재가 아닐까에 대해 의심한다. 자기 합리화의 천재.

나는 경매를 해온 지 10여 년이 지났고 여전히 투자는 현재 진형 행이다. 얼핏 보기에는 쉽게 낙찰받는 듯 여겨지는 물건도, 매일 하루 3시간 이상 검색하고 100개 이상 연구해 하나 고른 것이다. 선택한 장소는 수도 없이 가본다.

낙찰을 받은 후에는 그러면 안심하고 발을 끊을까? 천만에, 최소한의 비용으로 최대한 빨리 명도를 하기 위해 소유자와 임차인들을 또 그만큼 만난다. 이러다 보니 주인 잘 못 만난 내 신발들은 제아무리 좋은 등산화도 석 달을 넘기지 못한다. 밑창이 닳아 없어져 통째로 갈 때도 잦고, 아예 버릴 수밖에 없는 지경이 되기도 한다.

◎ **백일을 못 버티는 신발**
온 힘으로 몰두하면 어떤 분야든 어느 순간 길이 뚫리게 된다. 재능은 그다음 문제다.
진정 경매에서 성공하고 싶다면 고통과 인내의 시간을 감내해야 한다. 시작이 어렵지, 석 달만 꾸준히 애쓰다 보면 모든 일은 내 몸에 습관이라는 형태로 달라붙는다. 하루라도 하지 않고 지나가면 어색할 지경이다.
어차피 뛰어든 경매라면 도중에 포기하지 말자. 기분이 가라앉고 그만두고 싶은 마음이 들 때면 박지성과 강수진의 발 사진이라도 보자. 이들의 성공과 빛나는 삶은 절대 그 '너무하다 싶으리만치 가혹한' 노력과 동전의 양면이다. 절대 떨어뜨려 생각할 수 없다.

경매를 통해 내 삶을 조금이라도 성공 선상으로 끌어올리고 싶은가? 시대의 우상들과 조금이라도 비슷한 삶으로 빛나고 싶은가? 그렇다면 진지하게 자신에게 되묻자.

'내가 진정으로 이들만큼 노력하고 있는가?'라고. 추스른 마음으로 다시 한 번 출발선에 자신을 세우자.

* 한달도 못 되어 닳아 버린 신발.

BOX 6

Step by step! 셀프 등기

내 집은 내가 등기한다

경매의 세계에 처음 발을 들인 초보들에게 은근히 부담을 주는 과정이 바로 행정절차다. 몰려드는 서류를 들고 관공서에서 씨름하는 과정은 사람들을 질리게 하기 충분하지 않은가. 다행히 법무사와 경매대행 서비스 등이 있어 초보자들도 훨씬 어깨가 가벼워지기는 했다. 하지만 편리함에는 언제나 '수수료'라는 비용이 든다.

이왕 경매로 낙찰을 받았다면, 직접 법원에서 등기 수속을 밟아보면 어떨까? 특히 낙찰 금액이 소액인 경우, 대출을 끼지 않아도 잔금 납부가 가능할 경우에는 셀프 등기가 최적의 선택이 될 수 있다. 아낀 금액만큼 수익률도 올라가고, 경매에 대한 자신감도 한층 치솟을 테!

Step 1 : 말소등기목록, 부동산표시목록 준비

번워에 발무하기 전 서류를 완벽하게 준비한다.

낙찰을 받기 전 설정된 근저당, 가압류 등이 적힌 말소등기목록, 부동산표시목록을 잊지 말 것. 목록에 적힌 근저당 등의 사항들은 보통 건당 5,000원의 수수료를 내야 말소할 수 있다. 하지만 이를 법무사에 의뢰하면 건당 3만 원에서 5만 원까지 비용이 드니 등기부가 지저분(?)할수록 셀프 등기는 빛을 발한다.

Step 2 : 법원 1차 방문 – 잔금 납부

잔금 납부를 하기 전까지 내 앞으로의 소유권 등기는 허용되지 않는다.
– 법원의 해당 경매계를 방문해서 잔금납부 신청서를 받은 후, 법원 안에 있는 은행에서 잔금을 납부한다.
대부분의 법원 안에는 신한은행이 상주해 있다. 계좌가 있을 경우 통장을 가져가서 납부하면 효율적이다.
– 수입증지 (1만 4,000원), 인지 (500원)도 구입할 것.
– 말소등기목록을 참고해 말소할 등기를 건당 5,000원씩 계산해 은행에 납부한다. 이 때 받은 영수증은 목록에 첨부해야 한다.
– 잔금납부영수증을 들고 다시 해당 경매계로 가 매각대금 완납증명원을 발급받는다.

Step 3 : 해당 물건지 구청 방문

– 물건 소재지 구청 세무과로 가서 매각대금완납증명원을 보이고 취득세 신고서를 받는다. 신고서를 작성 후 취득세와 지방교육세, 말소등록세를 납부한다. 카드 결제도 가능.

– 구청에서 납부하는 말소등록세는 법원에서 건당 5,000원씩 냈던 비용과 별개이므로 주의할 것. 사실 취득세는 30일 이내로만 내면 되지만, 깜박 잊고 이 기간을 넘길 경우 가산세가 20%나 붙으므로 그냥 구청에 간 김에 완납하길 권한다.

– 국민 채권 구입 후 즉시 매도. 구청 내 은행에서 취득세 영수증의 주택시가표준액란에 적혀 있는 금액대로 채권을 구입 후 즉시 매도하고 싶다고 말한다. 등기소에 전화해 채권 할인율까지 알아 놓으면 완벽하다. 채권 구입 후 영수증을 잊지 말고 챙길 것.

Step 4 : 법원 2차 방문 – 최종 서류 제출과 본격 등기

법원 안에 비치되어 있는 소유권 이전등기 촉탁서를 작성한다. 아래 서류들을 꼼꼼히 챙겨 함께 철한 후 경매계에 제출하면 비로소 셀프 등기 과정이 끝난다.

1. 매각대금완납증명원(은행에서 잔금납부 후 해당 경매계에서 발급) · 법원잔금납부영수증
2. 부동산표시목록 1부
3. 부동산등기부 등본 1부
4. 채권구입 영수증
5. 부동산 말소등기목록 1부
6. 취득세 · 지방교육세 납부 영수증
7. 수입증지(1만 4,000원) · 수입인지(500원)
8. 토지 · 건축물 대장 1부 – 구청이나 법원 내 무인발급기 이용
9. 주민등록등본 1부 – 구청이나 법원 내 무인발급기 이용

PART 3 나 혼자 잘 살면 무슨 재미?

천하태평 셋방살이, 노후대책은?
원장님, 집 좀 구해주세요
구하라, 그러면 얻으리라
도와주는 사람만 애가 타는구나
재무상담의 힘
또 하나의 함정, 대위변제

Scene 01 천하태평 셋방살이, 노후대책은?

;안이한 생각으로 미래를 맞는 사람들

나는 외부 강의와 컨설팅은 하지 않고 원장직을 맡은 〈서울부동산길디지〉에서 시민 강의를 한다. 내가 가진 지식을 통해 세상에 재능기부를 한다는 생각으로 시작한 일이다. 일주일에 단 하루, 토요일만 강의하고 나머지 시간은 모두 경매 부동산 투자 연구에 집중하고 있다.

현장에 가고 물건 분석을 하는 등 감을 잊지 않기 위해 꾸준히 투자를 이어가는 것이다. 그러나 아무리 시간이 걸리더라도 마음을 쏟는 일이 하나 있다. 바로 내 수업을 듣는 학생들을 위한 재무설계다. '학생'이라고 통틀어 부르기는 하지만 연령대도 직업도 몹시 다양하다. 나름대로 계획과 꿈이 있어 경매를 배우러 온 사람들이다. 당연히 재무상황도, 그에 따른 제안도 제각각이 될 수밖에 없다.

하지만 이제껏 거쳐 간 수천 명의 학생에게 공통점이 보이기도 한다.

첫째, 대부분의 사람이 노후대책을 전혀 설계해놓지 않았다.

6,000원 하는 설렁탕 하나 먹으러 가는데도 인터넷으로 이 집이 맛있는지 저 집이 맛있는지 알아보고, 콩나물값 100원 깎으려고 승강이를 벌이는 평범한 사람들이다. 그런데 정작 중요한 본인들의 노후대책에 대해서는 심각하게 생각하는 사람이 별로 없다. 신문과 TV에서 하루가 멀다고 '고령화 시대' '백세 시대'라고 떠드는데!

"노후대책? 나야 뭐 어떻게든 되겠지."하고 너무도 쉽게 생각하며 30초 내로 다른 생각으로 넘어가는 사람이 부지기수라서 개인적으로 정말 놀랐다. 특히 매달 꼬박꼬박 월급이 나오는, 이른바 잘나간다(?)는 직장인들일수록 더욱 그렇다. 이제는 제아무리 좋은 직장이라도 여러분을 영원히 보호해주지 않는다. 기껏해야 이십 년? 회사의 지붕 아래 있을 수 있는 최장 기간이다.

내 말이 너무 극단적으로 들릴까 봐 찬찬히 설명을 해볼까 한다.

여러분은 시간이 지날수록 직급과 임금은 높아질 테지만, 하루가 다르게 새롭게 쏟아져 나오는 정보를 활용한 실무 능력은 떨어질 것이다. 소셜네트워크 SNS, 마이크로블로그, 소셜커머스⋯.그 모든 것이 최근 5년 내 기업들의 흥망을 좌우한 마케팅 수단이다. 그 이전에는 아예 존재하지 않은 것들이다. 자, 그런데 여러분이 받는 월급이면 영어 등 최소한 3개 국어에 능통하고 컴퓨터 활용능력이 훨씬 뛰어난 젊고 능력 있는 사람들을 쓸 수 있다. 그것도 2명 이상! 당신이 회사 사장이라면 필요 이상의 월급을 축내는 여러분을 쓰겠는가?

56세에도 퇴사 안 하면 도둑이라는 뜻의 '오륙도', 45세가 정년이라는

'사오정', 38세까지 직장에 다니면 선방했다는 의미의 '삼팔선'이란 농담이 있다. 케케묵고 썰렁한 농담이라고 비웃을 일이 아니다. 그게 바로 요즘의 처절한 현실이니까. 그만큼 여러분이 사회에서 활동할 수 있는 사회적 수명은 끝없이 단축돼 가고 있다.

나이가 들면 들수록 돈이 나갈 곳은 많은데 벌 기회는 점점 더 줄어든다. 한 살이라도 더 먹기 전에 노후의 안정된 생활을 영위하기 위한 최소한의 대책을 세워야 한다.

둘째, 남의 집에 전세·월세로 살면서 아무런 위기감 없이 지내는 사람들도 무척 많다. 피치 못할 사정이라 그럴 수밖에 없다면 어쩔 수 없는 일이다. 하지만 굳이 전·월세를 살지 않아도 되는 상황인데 아무 생각 없이, 혹은 걸 들다시 셋방살이를 이어가는 이들이 많아 안타깝다.

위에서 잠깐 말했던 재무설계 상담을 위해, 내 학생들은 모두 숙제를 해서 낸다. A4용지를 반으로 접어서 왼쪽에는 자산, 오른쪽에는 본인이 가지고 있는 부채를 적는다. 그 자료를 가지고 학생들 모두에게 일일이 마음을 다해 상담해준다.

숙제를 내주는 순간 학생들의 표정에는 만감이 교차하는데, 대략 이런 마음들 아닌가 싶다.

'으아, 남 보여주기는 창피한데!'
'내 자산? 부채? 한 번도 계산해본 적 없는데?'
'…. 내 눈으로 확인하기 무섭다…'

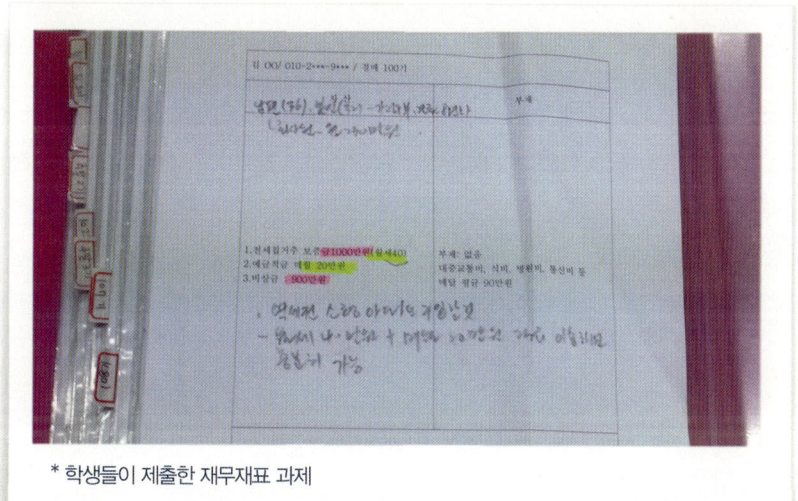

* 학생들이 제출한 재무재표 과제

하지만 실제로 직접 자신의 재무현황에 대해 적어 보면, 스스로 현재 상황을 돌아보는 계기가 된다. 이 자료를 토대로 나를 비롯한 전문가의 의견을 받으면 본인들이 미처 모르고 지나쳐 온 부분들도 찾아내고는 한다. 더 나아가 인생의 전환점을 맞는 이들도 있다.

먹을 것 안 먹고 쓸 것 안 쓰면서 악착같이 돈을 버는 일도 중요하다. 하지만 훨씬 더 중요한 일은 '그렇게 모은 돈을 어디에 어떻게 투자할까?'다. 평생 모은 피 같은 목돈을 잘못된 투자 한 번으로 날리면 그동안 들인 모든 시간과 노력이 물거품처럼 스러진다.

Scene 02 원장님, 집 좀 구해주세요

;불안한 월세살이에서 벗어나자

K는 결혼생활 8년 차인데 보증금 1,000만 원에 월세 40만 원짜리 집에 살며 긴 재신이리고 비상금 900만 원이 전부였다. 그래도 비교적 여유롭게 취미생활까지 즐기며 예금은 한 달에 20만 원 정도 하는 중이었다. (그것이 어찌 가능하냐고는 내게 묻지 마라) 내 집 마련은 아예 생각조차 않고 있다.

　작성해온 재무제표를 가지고 꽤 오랫동안 상담을 해보니 지금 사는 월셋집도 몇 개월 후면 임차기간이 만료되는 상황이었다. 월세를 올려주거나 이사를 하거나, 선택은 두 가지 중 하나였다. 그래서 월세로 나가는 40만 원과 매월 저축액인 20만 원을 최대한 활용해 경매로 집을 사라고 권했다.

　보증금 1,000만 원에 월세 40만 원이라! 이 생활을 계속 하면 매달 40만 원이라는 거금이 허공으로 (정확히는 남의 주머니) 날아갈 뿐만 아니라 임차기간이 만료될 때마다 월세를 올려주어야 하는 악순환이기 때문이다. 이 상태로 계속 가다간 내 집 마련은 물 건너가고, 곧 아이라도 생긴다면 영원히 적자인생을 면하지 못하게 된다.

다행히 직장인인 남편의 고정 수입이 있기 때문에 은행에서 1억 2,000만 원 정도 대출받아 집을 사면 감당이 가능할 듯했다. 그래서 나는 K에게 역세권의 소형아파트나 빌라를 시세보다 싸게 경매로 사라고 권했다.

조언을 받은 K는 의욕적으로 물건 검색에 뛰어들었다. 그러나 시간이 지날수록 뜸해지는 모습이었다. 설령 마음에 드는 물건을 찾았다 하더라도 직접 현장에 나가지 않았다. 내가 24시간 감시하는 것도 아니고, 그저 '설마 휴일에는 가보고 있으려니' 하면서 시간이 지났다.

그렇게 무려 반년이 지난 어느 날 K에게 넌지시 물었다.

"잘되고 있나요?"

그런데 영 반응이 이상하다. 내 얼굴을 살피더니 그렇지 않아도 상의할 일이 있었다고 한다. 무슨 일이냐고 캐물으니 자초지종을 털어놓는데, 기가 턱 막혔다. 대략 이런 사연이었다.

며칠 전에 집주인이 찾아와 '더 살려면 월세를 20만 원 올려주고, 아니면 집을 비워 달라'고 했단다. 거기에 대고 호기롭게 '다른 집으로 이사가겠다!'라고 맞받아 쳤다는 것이다. 아니, 이사까지는 뭐 좋다. 그런데 칼을 휘둘러도 주변을 좀 살펴보고 돌려야 할 게 아닌가? 지금처럼 자고 일어나면 전셋값이 치솟는 전세대란에, 한 달도 남기지 않고 방을 빼겠다는 배짱은 대체 어디에서 나왔는지. 물론 돈이 넘쳐서 웃돈을 주면서 전세를 구하겠다고 하면 못 구할 일도 없겠다. 하지만 K의 예산은 '보증금 1,000에 월세 40'이다. 부동산 전문가인 나도 식은땀이 흐르는 해결 불가의 상황이랄까. 그러나 정작 당사자는 무사태평이었다. 원래 성격이 느긋한지 아니면 좀 모자라는 건지 도무지 이해가 가지 않았다. 나는 할 말이 없기도 해서 조용히 K를 (노려)보고 있었다.

Scene 03 구하라, 그러면 얻으리라

;집을 구할 때는 역시 발품

지금 전세 구하기가 얼마나 어려운지 K에게 설명해 주었더니 이제야 사태의 심각성을 인식한 듯했다. 득도라도 한 듯 평화롭던 얼굴이 사색으로 돌변하며 울먹였다.

"원장님, 저 어떻게 하지요? 어쩌지…. 제발 도와주세요."라며 안절부절 못한다. 안쓰럽고 짠했다. 그러고 보면 인정에 약한 게 나의 최대 약점이다. 지금 사는 집을 비워 줘야 할 날이 불과 25일 후이기 때문에 경매로 사기에는 너무 촉박했다. 결국, 경매는 포기하고 일반매매로 사기로 했다. 나는 비상사태! 를 외치며 모든 다른 일을 접고 K의 주택구매에 뛰어들었다.

연구원들을 호출한 후 집을 구하기로 한 지역 안에 있는 공인중개사 사무소를 다 뒤져서라도 예산에 맞는 집을 찾아내기로 했다. 그 근처에 가서 오전 내내 좋은 물건을 찾기 위해 발이 부르트도록 공인중개사 사무실을 돌아다녔다. 슬슬 연구원들은 배가 고프다며 일단 점심부터 먹고 다시 시작하자고 부루퉁한 건의를 해왔다. 나는 마음이 급해져 중개소 한 곳만 더 들러서 물어보면 점심 메뉴로 먹고 싶은 건 다 사주겠다는 달콤한 유혹(?)을 했다. 직감이 '바로 여기'라고 자꾸 끌어당기는 공인중개사무소가 눈앞에 보였기 때문이다.

자, 가자! 우르르.

"안녕하세요?"

"네. 어떻게 오셨어요?"

한꺼번에 많은 사람이 갑자기 사무실 문에 몸을 욱여넣듯 밀려 들어오니 중개사는 당황하는 기색이 역력했다.

"집을 하나 구하러 왔습니다."라고 하니 그제야 안심이 되는지 자리를 권하며 앉으라고 한다.

내 명함을 건네주고, K의 딱한 사정을 이야기했더니

"바로 찾으시는 금액에 딱 맞는 아파트가 하나 있긴 한데…." 하고 운을 뗀다.

중개사의 말이 채 끝나기도 전에 "어디? 어떤 물건이죠? 볼 수는 있습니까?"라고 급한 마음에 나도 모르게 따발총처럼 말이 튀어나왔다.

이런 나를 보고 중개사는 빙그레 웃음을 머금고

"차근차근히 말씀드릴게요." 라며 우리에게 그 물건을 설명해 주었다. 내가 보기에도 K의 사정에 딱 맞는 집이었다. 일단 식사를 뒤로 미루고 중개사에게 집을 보여 달라고 졸라 가보기로 했다.

지하철역 바로 옆에 있는 소형아파트였다. 나는 평소 역세권에 있는 소형아파트는 언제든지 돈이 필요할 때 팔아서 현금화할 수 있기 때문에 주식이나 마찬가지라는 소신이 있다. 그래서 더더욱 이 아파트를 보니 욕심이 났다.

  이 집의 가격은 작년의 부동산 시장 침체로 1년 전보다 가격이 약 30%나 떨어져 있었다. 게다가 집주인이 급하게 돈이 필요해 떨어진 시세보다도 1,000만 원이나 더 저렴한 급매물이었다. 이미 부동산 가격은 바닥을 쳤으니 더는 싼 물건은 없을 것 같았다. 실제로 이 집을 소개한 중개사는 이 지역 전체를 통틀어 가장 가격이 좋다며 입에 침이 마르도록 설명했다. 또한, 올해 들어 전세값이 40% 이상 오른지라 매매가격과 전세값도 별 차이가 없었다. 일단 사두면 머지않아 몇 천 만 원은 그냥 오를 듯한 예감이 들었다.

Scene 04 도와주는 사람만 애가 타는구나

;가진 돈은 적고 대출은 부족하고

하지만 정작 거주해야 할 K는 아파트 내부가 낡고 오래됐다며 별로 탐탁워하지 않았다. 현재 거주하는 세입자가 워낙 집안을 어질러 놔서 더욱 시큰둥해 보였다.

"조금만 고치면 새집처럼 됩니다. 너무 걱정하지 마세요."

휴! 누가 집주인이고 누가 도와주러 온 사람인지. 내가 더 애가 쓰여서 설득에 설득을 거듭했다. 드디어 매수하기로 마음먹고 중개사 사무실로 돌아와서 계약서를 쓰려는 찰나, 문제가 생겼다. 현재 가지고 있는 900만 원에 월세 보증금 1,000만 원을 더해도 1,900만 원밖에 없다. 나머지는 전부 대출을 받아야 하는데 그 과정이 생각보다 만만치 않았다. 알고 보니 K의 남편이 비정규직이어서 대출 금액에도 조건에도 한계가 있었다.

'어떻게 찾은 집인데 여기서 포기를 해?'

연구원들에게 그동안 내가 거래해온 은행직원들의 전화번호를 각각 몇 개씩 나누어 주고, 최대한 대출을 많이 받아오라고 등을 떠밀었다. 나와 연구원들이 1시간 이상 전화에 매달려 가까스로 대출을 맞추는 데 성공했다. 한숨을 놓으면서 계약서를 다시 잡았는데…어라? 문제는 또 있었다.

중개사를 설득해 최대한 깎은 집값은 총 1억 1,500만 원이다. 다음날까지 계약금을 내면 되니 금액은 얼추 맞출 수 있을 터이다. 하지만 오랜 경험으로 미루어 보았을 때 역세권의 소형아파트는 전세값의 급상승으로 인해 매매가격이 가파르게 상승하고 있다. 매수하려는 아파트는 주인이 주변 부동산 시세를 몰랐는지 이 지역에서 가장 저렴한 초급매물이다. 거기에 내가 300만 원을 더 깎았으니…. 내일이라도 누군가 돈을 더 주겠다고 하면 집주인은 아마 바로 계약을 파기할 게 틀림없다. 우리에게 계약금을 물어주더라도 그게 더 이득이 되기 때문이다. 그런 상황이 벌어지면 K는 닭 쫓던 개 지붕 쳐다보는 격이 된다.

'계약을 중도해지하지 못하게 내일이라도 중도금을 줘버리면 걱정할 필요가 전혀 없는데…'

그건 무리였다. 계약금 액수도 겨우 맞추었는데 어떻게 중도금까지 당장 맞추겠는가.

결국, 나는 만일의 사태를 봉쇄하기 위해 중개사에게 다시 한 번 통사정했다.

"계약금이 1,150만 원인데, 이걸 항목별로 나눠서 작성해주시면 안 되겠습니까? 계약금 700만 원에 중도금 500만 원으로요. 부탁합니다."

이러면 계약서상 중도금이 일부라도 지급된 상태이기 때문에 매도인 임의대로 계약을 파기할 수 없게 된다. 중개사는 흔쾌히 제안을 받아주었다.

'이제 됐다!'

안도감과 함께 그동안 밀린 피로가 쓰나미처럼 밀려오는 순간이었다.

"그런데 매수자가 본인이 아니시네요?"

"네, 저는 지인이고 이 K님이 매수자입니다."

중개사는 워낙 내가 더 마음을 쓰고 절박해 보여서 내 집인 줄 알았다고 웃으며 덧붙였다. 허허, 나도 따라 웃고 말았다.

아무튼, 여러 사람의 도움과 007작전에 버금가는 과정 끝에 K는 자신의 집을 사게 됐다. 오른 월세 때문에 거의 길바닥에 나앉기 직전이었는데 갑자기 '내 아파트'가 생겼다. 돌이켜보면 억세게 운이 좋은 사람이었다.

Scene 05 재무상담의 힘!!

;미래를 밝히는 재정설계

이때 K가 구매한 아파트 시세는 현재 6,000만 원이나 오른 1억 7,500만 원선이다. 만약 K가 나와 재무상담을 하지 않고 평소처럼 살았더라면 지금은 어떤 모습일까? 내 집 마련은 너무도 먼 꿈이었을 테고, 어쩌면 오른 월세를 감당하느라 더 좁은 집으로 옮겨갔을 테다. 계산해보라. 한 달에 20만 원씩 저축해서 6,000만 원을 벌려면 대체 몇 년간 모아야 가능할까? 그런데 발상의 전환 덕에 채 2년도 되지 않아 6,000만 원이라는 거금을 벌 수 있었다.

자화자찬하기 위해 K 이야기를 꺼내지는 않았다. 어떤 분야이든 전문가는 있게 마련이고, 나는 나름대로 부동산 분야에서 잔뼈가 굵었으므로 당시의 K에게 도움이 될 수 있었다. 이렇듯이 전문가의 적절한 조언을 받을 수 있다면 같은 노력과 시간, 돈을 들이고도 훨씬 지름길로 갈 수 있다.

내게 상담을 받은 사람 중에는 K와 같은 사례가 꽤 있다. 재무상담을 받기 전에는 삶에 희망이 없고 늘 암울했던 사람들이 상담을 계기로 '나도 내 집을 마련할 수 있고 부자가 될 수 있다.'는 희망을 발견했다고 입을 모아 말한다. 하루하루가 즐겁고 감사하는 마음이 들어서 본인들도 모르는 사이 얼굴이 밝아졌다고도 한다. 그런 이들을 지켜보면 나도 모르게 얼굴에 미소가 떠오른다. 비록 시간도 많이 잡아먹고 힘도 들지만 참 보람되는 일을 하고 있다는 자부심을 느낀다.

혼자만 잘사는 건 혼자만 못사는 것만큼 외롭고 쓸쓸한 일이다. 그렇기에 지인들과 제자들이 나를 만나고 삶을 맞이하는 태도가 긍정적으로 바뀐다면 아주 기쁜 일이다. 어두운 표정으로 의기소침하게 다니던 이가 어느 날 발그레한 혈색으로 나타났을 때의 흐뭇함을 어디에 비할까? 수익률 높은 물건을 낙찰받았을 때만큼이나 기분이 좋다. 흰때 내 모든 것을 걸고 준비하던 고시 공부에 뜻을 이루지 못했었다. 하지만 지금 내 곁에서 함께 열심히 목표를 향해 달리는 사람들을 보면 아쉬움이 사라진다.

'이 자리에 내가 있어야 해서 그때 고시와 운이 닿지 않았나 보다' 하는 생각마저 드는 것이다. 그런 의미에서 역시 삶은 살아볼 만 하구나 싶어 종종 상념에 잠긴다.

Scene 06 또 하나의 함정, 대위변제

;권리분석을 할 수 있는 안목을 키우자

종잣돈이 적고 처음 경매를 시작하는 사람들에게 한결같이 해주는 조언이 하나 있다.

"현재 사는 곳이나 직장에서 가까우면서 자신이 가장 잘 아는 곳부터 시작하세요!"

평소 잘 아는 지역이라면 무리하지 않고 현실적인 투자가 가능하다. 처음 가보는 동네는 뭐가 뭔지 몰라서 다른 이들의 말에 휩쓸리기 일쑤다. 그러나 내가 태어나 자란 동네라면 누구보다도 객관적으로 보는 눈이 있다. 초보자로서 흔히 저지르는 실수를 미리 막을 수 있다는 말이다.

제자인 H는 이런 조언을 적절하게 받아들여 좋은 경매 물건을 하나 가지고 내게 왔다. 위치도 좋고 앞으로 개발 여지도 있는 빌라였다.

"임장 어떤 일이나 문제가 일어난 현장에 나옴 은 다녀왔습니까?"

"네 원장님. 벌써 두 번이나 갔다 왔어요. 평소에 제가 잘 아는 지역이기도 하고요."

그러면 더 망설일 게 없다. 우리는 바로 머리를 맞대고 권리분석을 시작했다.

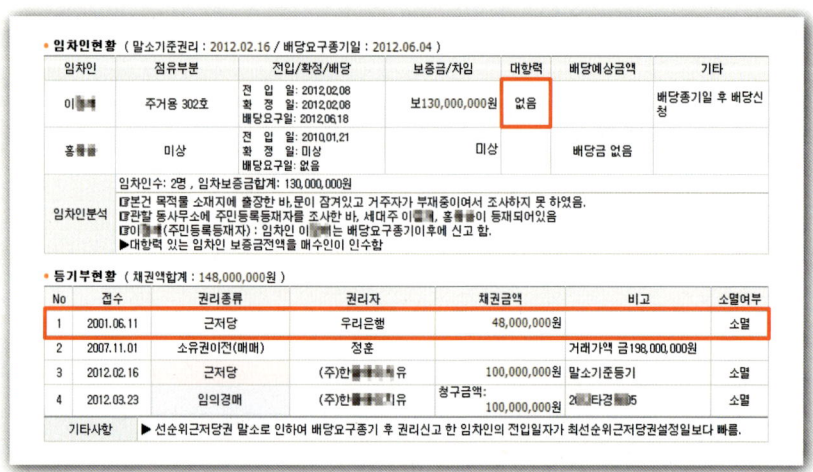

* 임차인 현황과 등기부 현황

"2001년 6월 11일 자 우리은행 근저당이 말소기준권리라서, 그 이후 권리는 전부 소멸하겠네요."

"네."

"그리고 임차인이 두 명 있는데요?"

"가서 만나 보니 현재 이○○만 살고 있고 홍○○는 살지 않습니다."

임장의 힘이랄까, H의 목소리는 또박또박 자신감이 묻어났고 정보는 정확했다. 그러나 얼핏 불안한 빛이 표정에 스친다.

"…원장님, 그런데 궁금한 게 하나 있는데요."

"…임차인 말씀이죠?"

"어! 어떻게 아셨어요?"

이쪽에서 콕 짚어 '임차인' 문제가 아니냐고 하니 깜짝 놀란다.

"뭐가 궁금하신지 말씀해 보세요."

"지금 사는 임차인은 임차보증금이 1억 3,000만 원인데 말소기준권리보다 늦게 전입하여 대항력 새로운 주택의 소유자에 대하여 계속 임차권을 주장 할 수 있는 권리(전입신고+실거주)이 없잖아요? 배당요구종기일 경매로 인해 그 물건에 관련된 채권자들은 경매 법원에 배당을 요구할 수 있는 기간 이후 배당을 했기 때문에 한 푼도 받지 못하고요."

"와, 그동안 공부 열심히 하시더니…주택임대차보호법에 대해 잘 아시네요. 아무튼, 대법원 문건처리내역을 한 번 볼까요?"

접수일	접수내역
2012.03.23	
2012.04.02	
2012.04.04	
2012.06.04	
2012.06.18	임차인 이○○(주민등록동재자) 배당요구 종기 연기 신청서 제출
2012.06.18	
2012.06.25	
2012.06.29	
2012.10.09	
2013.03.22	
2013.03.25	
2013.07.16	

* 법원문건처리 내역

내역을 보면서 H는 차근히 하나씩 짚어 나갔다. 임차인 이○○은 후위 임차인의 지위에 있다. 배당요구종기일까지 배당을 신청하지 못해 법원에 배당요구종기 연기신청서를 제출했지만, 법원은 받아들이지 않았다.

"배당요구종기일 이후 신청했으므로 배당에 참가할 수도, 받을 수도 없는데요…. 그러면 이렇게 한 푼도 배당받지 못한 임차인은 방법이 없을까요?"

혼자 아무리 들여다보아도 해답을 얻지 못했던 모양이다. 나는 빙그레 웃으며 답했다.

"있지요."

"그게 뭔데요?"

"건물등기부를 잘 보세요."

No	접수	권리종류	권리자	채권금액	비고	소멸여부
1	20■1.06.11	근저당	우리은행	48,000,000원		소멸
2	20■1.11.01	소유권이전(매매)	정훈		거래가액 금198,000,000원	
3	20■.02.16	근저당	(주)한■■■유	100,000,000원	말소기준등기	소멸
4	20■2.03.23	임의경매	(주)한■■■유	청구금액: 100,000,000원	2■■타경■■05	소멸

기타사항 ▶ 선순위근저당권 말소로 인하여 배당요구종기 후 권리신고 한 임차인의 전입일자가 최선순위근저당권설정일보다 빠름.

* 건물등기부등본

모니터에 붙을세라 H는 등기부를 뚫어져라. 들여다보았다.

"말소기준권리인 우리은행 근저당권의 채권 최고금액이 얼마인지 알겠습니까?"

"4,800만 원입니다."

"맞아요. 그런데 잘 보면 1순위인 근저당이 가만히 있는데, 후순위 근저당권자가 경매를 신청했지요?"

"그러네요."

"이건 채무자가 우리은행에서 빌린 돈을 연체 없이 꼬박꼬박 잘 냈다는 뜻이에요."

"아!"

"보통 제1금융권에서는 근저당을 설정할 때 원금의 120% 정도를 설정하잖아요?"

"네."

"그럼 채무자가 은행에서 빌린 돈은 4,000만 원쯤이라고 봐요. 이 빚을 임차인이 대신 갚아버리면 말소기준권리가 옮겨 갑니다. 즉, 우리은행 근저당에서 (주)한울 OO이 설정한 후순위 근저당 쪽으로요."

이렇게 되면 임차인 이OO은 (주)한울 OO에서 설정한 후순위 근저당보다 먼저 전입한 것이 된다. 그래서 비록 배당신청에서 한발 늦어 배당요구는 받지 못하지만, 대항력은 살아있다. 그러므로 낙찰자는 임차인의 보증금 전액을 인수해야 한다. 이것이 대위변제다.

"이런 방법이 있었군요! 제가 2회 차 경매에 입찰하려고 하는데 어떤 점에 주의해야 할까요?"

"입찰 전 대법원 경매사이트에 들어가서 마지막으로 선순위 근저당권을 확인하세요. 만약 말소되었다면 절대 입찰하지 말아야 합니다."

"고맙습니다, 원장님. 대위변제가 BOX 7 없기만 빌어야겠네요."

"네, 잘 되었으면 좋겠네요."

H는 신바람이 나서 돌아갔다. 그리고 며칠 후 '결국 대위변제가 되었다'는 소식을 알려왔다. 다시 한 번 '입찰하지 말라'고 신신당부를 했다. 늘 챙겨보는 경매잡지에도 대위변제 여부가 실렸다.

반면 한 사설 경매지에는 대위변제 사실이 업데이트되지 않아 혼란을 초래하고 있었다. 이러면 권리분석을 정확하게 배우지 않은 사람은 착각하기 일쑤다. 그저 '후순위 임차인이기 때문에 낙찰자가 물어주지 않아

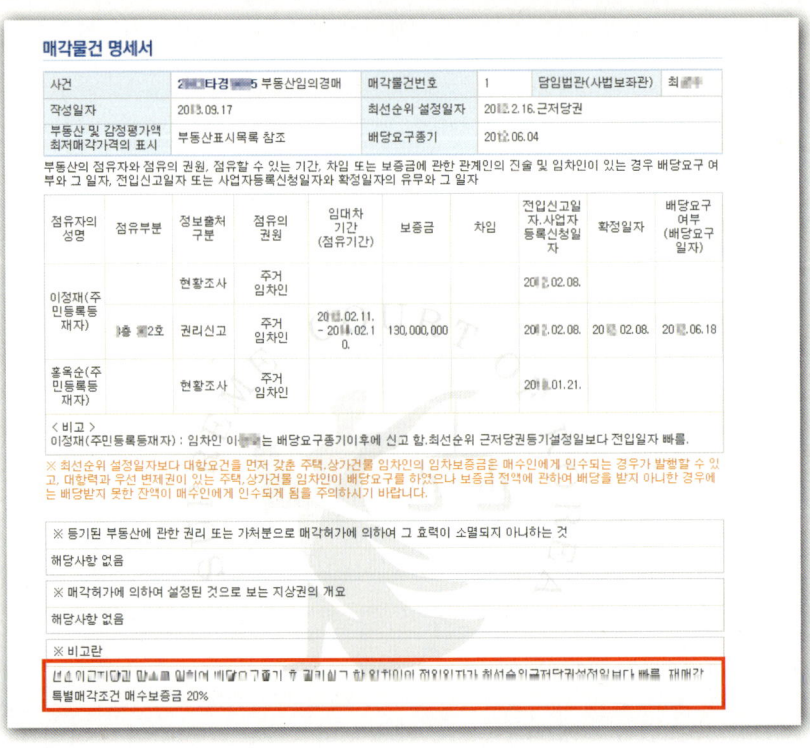

* 대위변제 여부가 적힌 매각물건명세서

도 된다.' 라고 쉽게 생각해버리기 때문이다. 경매 초보자들은 정확한 정보를, 한 시도 안심하지 말고 늘 재확인하는 습관을 들여야 한다.

3차 매각 때 어떤 사람이 이런 사실을 모르고 시세보다 저렴하니 덜컥 낙찰을 받았다.

* 최고가매수신고인 매각불허가 신청

* 한 사설 유료 경매사이트의 책임 회피 약관. 식별하기 어려울 정도로 작은 글자.

하지만 이후 임차인을 만나 임차보증금 1억 5,000만 원을 물어줘야 한다는 사실을 알고 말았다. 부랴부랴 법원에 매각불허가 신청을 제출했지만 기각당하면서 끝내 잔금납부는 포기한 듯하다. 이럴 경우 입찰보증금 1,400만 원은 물론 돌려받지 못한다.

* 권리분석의 중요성을 보여주는 미납내역.

이런 위험이 있음에도 불구하고 경매는 이어져 5차와 6차에서도 각각 다른 사람들이 낙찰을 받았다. 이 사람들 역시 잔금납부를 포기하고 입찰보증금을 허공으로 날렸다. 이런 사람들은 대체 어떤 생각으로 경매에 나섰는지 도무지 알 수가 없다. 이들은 평생 경매의 기역자만 나와도 경기를 일으키지 않을까?

BOX 7

대위변제가 궁금해!

간단히 말하면?
경매에 붙여진 부동산에 이해관계가 있는 제삼자가 채무 당사자 대신 채무를 변제하는 행위. 쉽게 예를 들면 아버지가 망나니 아들의 카드연체액을 대신 갚아주는 것도 대위변제. 민법 제469조 제1항규정에 의해 채무의 변제는 제3자도 할 수 있기 때문이다.

어떤 경우에 일어날까?
1. 말소기준 권리가 되는 선순위 권리의 채권 금액이 비교적 소액이고, 그 다음 순위로 확정일자 없는 주택임차인이 있거나 소유권이전청구권가등기, 처분금지가처분 등의 권리에 관한 등기가 있는 경우
2. 대항력 없는(후순위) 임차인의 임차보증금액이 많거나 임차인이 여럿인 경우

위와 같은 경우들이 있다면 '대위변제 가능성이 있다'는 전제 아래 권리분석을 해야 한다. 등기부등본상의 채권최고액을 기준으로 하기 보다는 현재의 채권 잔액부터 파악하자. 그 금액이 그다지 많지 않다면 요주의!

대위변제로 순위도 상승한다!

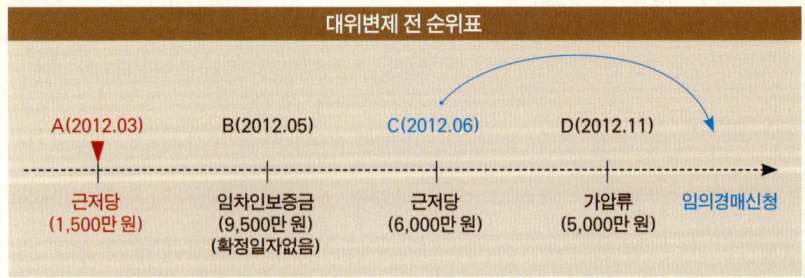

① 위 사건의 말소기준 권리는 근저당A 이다.
② 임차인B는 말소기준 권리 뒤에 전입신고를 했기 때문에 대항력이 없다. 확정일자도 받지

않았으니 우선변제권이 없어 배당도 받지 못한다. 즉 한 푼도 챙길 수 없다.
③ 후순위 임차인B가 1순위인 근저당권A 1,500만 원을 대위변제하면 1순위 근저당권이 소멸된다. 그러면 말소기준 권리가 근저당C로 바뀌면서 낙찰자는 임차인B의 임차보증금을 인수해야 한다.

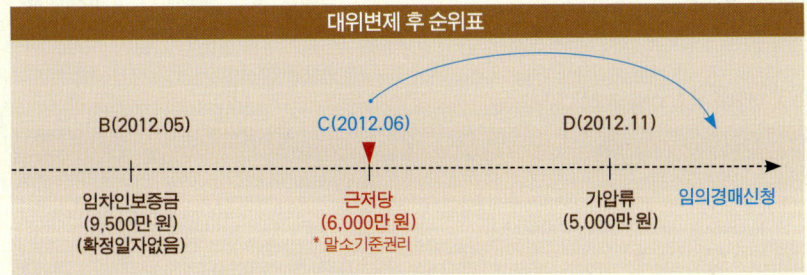

① 임차인B의 권리는 1순위로 바뀐다.
② 말소기준권리가 근저당A에서 근저당C로 변경된다.
③ 임차인B는 대항력을 취득하게 된다. 따라서 낙찰자는 임차인B의 보증금 9,500만 원을 인수해야 한다.

임차인B는 임차보증금 9,500만 원을 잃게 되는 상황이었지만 대위변제금 1,500만 원을 투자해 대항력을 얻었다. 게다가 임차보증금 9,500만 원을 낙찰자가 인수하게 했다. 한 푼도 받을 수 없었던 상황에서 8,000만 원이나 지킬 수 있게 된 것이다.

대위변제 시점은 언제까지?
낙찰자가 잔금을 지급하기 전까지만 가능하며, 반드시 말소된 등기부를 법원에 제출하여야 한다. 대신 채무를 변제한 사람이 법원을 상대로 아무런 조치를 취하지 않으면 이 대위변제는 민법상에서만 유효할 뿐 경매에서는 아무 소용이 없다. 이러면 그 채권자를 대신해서 배당만 받을 수 있지, 후순위 임차인이 선순위 임차인으로 변하지는 않는다. 아무리 강조해도 지나치지 않은 부분이다!

대위변제를 피하는 법
낙찰자는 항상 공격적인 입장(낙찰자의 입장)에서만 생각하지 말고, 때론 방어적인 입장(임차인, 소유자, 채무자의 입장)에서도 생각해 봐야한다.

만약 내가 임차인이라면? 소유자라면? 채무자라면? 어떤 방법을 써서 보증금을 지킬 수 있을까? 이런 역지사지는 경매 세계에서 살아남으려면 필수다.

말소기준권리도 딱 고정되어 영원불멸한 것이 아니라 유동적으로 늘 변한다. 따라서 여러 가지 경우의 수를 머릿속에 넣어놓고 방어적인 입장에서 생각하는 버릇을 들이자. 등기부등본 열람도 필수다. 딱 한번 보고나서 손 놓지 말고, 경매투자 시 최소한 한 물건의 등기부를 3번 이상 들춰보아야 안심이다.

이미 상황종료? 구제방안은 있다

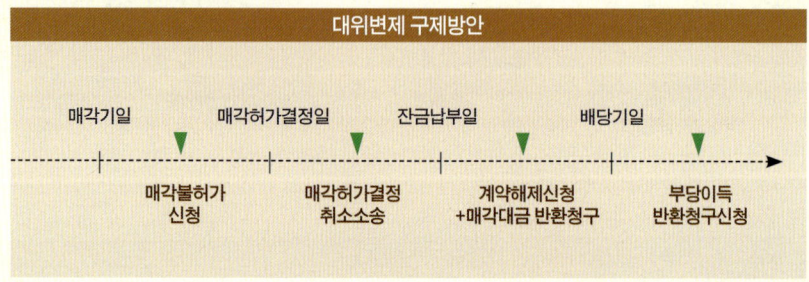

대위변제를 하는 수가 후순위 권리자들을 대항력을 갖게 된다. 이러면 낙찰자는 종지에 예상하지 못한 손해를 입는데, 그 타격을 최소한으로 줄이기 위해 노력해야 한다. 구체적인 방법은 아래와 같다.

① 매각기일 이후~매각결정기일 전 : 매각불허가 신청
② 매각결정기일 이후~대금 납부 전 : 매각허가 결정 취소신청
③ 배당 실시 전 : 경매에 의한 매매 계약 해제, 납부 매각 대금의 반환 청구
④ 배당 실시 후 : 채무자에 대해 계약 해제 → 채무자 또는 채권자에게 부당 이득반환 청구

대위변제 시점이 '매수인의 매각대금 납부 전까지'이므로 매각대금 납부가 끝날 때까지는 긴장을 늦추지 말자. 그리고 시간이 흐를수록 구제 가능성은 낮아지니 최대한 빨리 대책을 강구하도록!

대위변제금의 구상권은 누구에게?

임차인과 같은 제삼자가 채무자를 위하여 변제한 대위변제금에 대하여, 변제를 해줄 사람은 그 금액 범위 내에서 채무자에게 구상을 청구할 수 있다.

★★★★★ '민법상 대위변제'와 '경매에서의 대위변제'의 차이

부동산 경매에서의 대위변제는 실제 과정에서 민법과 차이가 있다.
민법의 대위변제는 변제자가 채권자를 대신해서 채무자에게 채권을 행사한다.
경매에서 대위변제는 낙찰자가 잔금 지급하기 전까지만 가능하며 반드시 말소된 등기부를 법원에 제출해야만 한다. 즉, 채무자를 대신해서 채무를 변제할 사람이 돈만 내준다고 해서 다 해결되는 게 아니라, 법원에 조치를 꼭 취해야만 임차인 순위를 바꿀 수 있다. 그렇지 않으면 민법상으로만 대위변제이지 경매에서는 효력을 발휘할 수 없다. 채권자를 대신해서 배당만 받을 수 있을 뿐, 가장 중요한 문제인 '후순위 임차인이 선순위 임차인으로 순위가 변경'되는 것은 불가능하다.

★★★★★ 대위변제와 관련된 판례

대법원 2003. 4. 25. 선고 2002다70075 판결

【판시사항】
[1] 낙찰대금지급기일 이전에 선순위 근저당권이 소멸한 경우, 후순위 임차권의 대항력의 소멸 여부(소극)
[2] 강제경매의 채무자가 낙찰대금지급기일 직전에 선순위 근저당권을 소멸시켜 후순위 임차권의 대항력을 존속시키고도 이를 낙찰자에게 고지하지 아니하여 낙찰자가 대항력 있는 임차권의 존재를 알지 못한 채 낙찰대금을 지급한 경우, 채무자가 민법 제578조 제3항 소정의 손해배상책임을 부담하는지 여부(적극)

【판결요지】
[1] 부동산의 경매절차에 있어서 주택임대차보호법 제3조에 정한 대항요건을 갖춘 임차권보다 선순위의 근저당권이 있는 경우에는, 낙찰로 인하여 선순위 근저당권이 소멸하면 그보다 후순위의 임차권도 선순위 근저당권이 확보한 담보가치의 보장을 위하여 그 대항력을 상실하는 것이지만, 낙찰로 인하여 근저당권이 소멸하고 낙찰인이 소유권을 취득하게 되는 시점인 낙찰대금지급기일 이전에 선순위 근저당권이 다른 사유로 소멸한 경우에는, 대항력이 있는 임차권의 존재로 인하여 담보가치의 손상을 받을 선순위 근저당권이 없게 되므로 임차권의 대항력이 소멸하지 아니한다.
[2] 선순위 근저당권의 존재로 후순위 임차권이 소멸하는 것으로 알고 부동산을 낙찰받았으나, 그 후 채무자가 후순위 임차권의 대항력을 존속시킬 목적으로 선순위 근저당권의 피담보

채무를 모두 변제하고 그 근저당권을 소멸시키고도 이 점에 대하여 낙찰자에게 아무런 고지도 하지 않아 낙찰자가 대항력 있는 임차권이 존속하게 된다는 사정을 알지 못한 채 대금지급기일에 낙찰대금을 지급하였다면, 채무자는 민법 제578조 제3항의 규정에 의하여 낙찰자가 입게 된 손해를 배상할 책임이 있다.

현장학습뿐 아니라, 산행도 같이 간다. 마음으로 하는 경매를 다짐하면서

"실패는 성공의
반대말이 아니다.
실패는 성공의
디딤돌이다."

PART 4 피할 수 없는 최종단계, 명도

의문의 여인, 당신은 누구?
이건 선의의 거짓말이야
The Negotiator
집주인을 설득하다
아카데미 남우주연상 & 여우조연상
고백의 순간
오랜만에 만난 악질 소유자(?)
우리 그렇게 나쁜 사람 아닙니다
응어리가 풀리는 이삿날

Scene 01 의문의 여인, 당신은 누구?

;역시 명도가 쉽지는 않다

그날도 투자할 지역을 종일 둘러보고 사무실로 들어가는 길이었다. 한 연구원이 부동산갈리시 학생인 윤 사장과 심각한 분위기로 이야기를 나누고 있는 모습을 보았다. 학생들이 의뢰한 상담 이야기려니 하고 대수롭지 않게 넘겼다.

　내게 수업을 들은 학생들은 졸업했더라도 언제든 경매에 관한 상담을 할 수 있기 때문에 늘 이야깃거리는 풍부한 터였다. 잠시 후 윤 사장은 자리를 떴고, 일순 무거운 분위기가 방안을 감돌았다. 조금 이상했다.

　"…무슨 일이야?"

　"원장님, 윤 사장님 이번 일…. 조금 걱정되어서요."

　"이번에 받은 낙찰 때문에? 왜?"

　"윤 사장님이 잔금을 내고 낙찰받은 집을 찾아갔는데, 등기부상에 기재된 소유자 겸 채무자인 오OO가 아니고 다른 제삼자가 있었답니다."

물건종별	다세대(빌라)	감정가	220,000,000원	오늘조회: 2 2주누적: 2 2주평균: 0 조회동향		
대지권	27.21㎡(8.231평)	최저가	(80%) 176,000,000원	구분	입찰기일	최저매각가격	결과
건물면적	59.05㎡(17.863평)	보증금	(10%) 17,600,000원	1차	20■■-09-25	220,000,000원	유찰
매각물건	토지·건물 일괄매각	소유자	오■■	2차	20■■-10-29	176,000,000원	
개시결정	20■■-04-30	채무자	오■■	낙찰: 176,099,990원 (80.05%)			
사건명	임의경매	채권자	이문■■새마을금고	(입찰1명, 낙찰:성북구 윤■■)			

* 윤 사장이 낙찰받은 다세대 현황

이 사람은 누구냐고 물어도 전혀 신분을 밝히지 않는 데다, 무조건 '몇 개월 살다가 나가겠다'는 말만 하더란다.

나는 사건번호를 물어 당장 관련 서류를 검토해보았다.

마침 윤 사장이 법원에서 복사한 서류가 있어 살피니 잔금납부와 배당이 모두 끝났고, 부동산 인도명령 결정까지 난 상태였다.

"인도명령신청은 윤 사장이 신청했대?"

"아니요, 대출받을 때 은행 전속 법무사가 서비스로 해주었답니다."

"그래? 채무자 겸 소유자는 오○○이고 인도명령 피신청인은 성○○로 되어 있잖아. 성○○는 누구야?"

"배당요구와 권리신고를 한 임차인이에요."

"임차인 성씨가 권리신고랑 배당요구까지 했고, 이 사람을 상대로 법원에서 인도명령 결정까지 떨어졌는데… 막상 집을 찾아가 보니 엉뚱한 제삼자가 있다는 거지?"

"네."

"그래서 윤 사장에게는 무슨 조언을 해주었는데?"

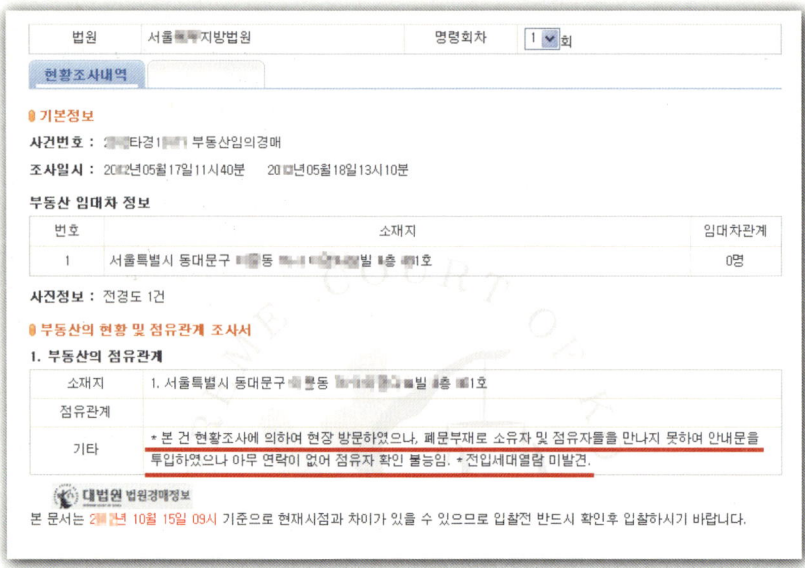

* 집행관이 작성한 부동산의 현황 및 점유관계 조사서

"신분을 모르는 제삼자가 있으니 임차인 성OO를 상대로 '점유이전금지가처분'을 신청하는 게 좋겠다고 말씀드렸어요. 그런데 아무래도 법무사에게 신청을 맡기면 비용이 많이 드니… 샘플을 드리면서 직접 해보시라고 가르쳐드렸고요."

조금 전에 두 사람이 머리를 맞대고 있었을 때, 점유이전금지가처분소가 산정을 계산하고 있었나 보다. 직장생활을 하면서 시간을 쪼개어 경매공부를 하는 윤 사장은 배운 지 몇 개월 지나지 않았는데도 벌써 경매를 6건이나 받았다. 이번 물건은 그 중 최근 것이었다. 자신 일처럼 윤 사장을 도와준 연구원에게도 칭찬을 해주면서 함께 법원 서류를 계속 훑어보았다. 그러다가 흥미로운 점을 하나 발견했다.

법원 집행관이 현황조사차 방문 때에는 폐문 부재로 소유자와 점유자

* 임차인 성○○이 권리신고 및 배당을 요구했다

를 만나지 못했다고 적혀있다. 경매 신청 날짜는 20**년 4월 30일. 6개월 후에 임차인이 보증금 2,000만 원에 월세 50만 원으로 권리신고 및 배당요구를 했다. 임차인이 법원에 제출한 부동산 임대차계약서상에는 계약서 작성일이 20**년 6월 25일로 되어 있었다. 또한, 전입세대 열람내역에는 20**년 8월 28일 전입한 걸로 기재가 되어 있었다.

통상 경매가 진행되기 한두 달 전에 최우선 변제금을 받을 목적으로 허위임차인을 두는 경우가 많다. 물론 남의 돈을 받는 일이 쉽지는 않다. 변제금을 받기 위해서는 임차보증금이 아무리 소액일지라도 경매개시결정기입등기일 전에 전입신고를 해야 한다. 이후에는 배당요구 종기일까지 배당요구를 해야만 받을 수 있다.

그런데 이 사람의 경우는 희한하다. 전입신고도 경매개시결정 이후에,

송달일	송달내역	송달결과
20○○.05.01	최고관서 ○○세무서 최고서 발송	20○○.05.02 도달
20○○.05.01	최고관서 서울시 동대문구청 최고서 발송	20○○.05.02 도달
20○○.05.01	채무자겸소유자 오○○ 개시결정정본 발송	20○○.05.0○ 도달
20○○.05.01	채권자 이문1동2동새마을금고(구:이문1동새마을금고) 대표자 ○○○ ○○○ 개시결정정본 발송	20○○.05.04 도달
20○○.05.01	감정인 ○○○ 평가명령 발송	20○○.05.04 도달
20○○.09.03	채권자 이문1동2동새마을금고(구:이문1동새마을금고) 대표자 ○○○ ○○○ 매각 및 매각결정기일통지서 발송	20○○.09.05 도달
20○○.09.03	채무자겸소유자 오○○ 매각및 매각결정기일통지서 발송	20○○.09.0○ 도달
20○○.09.03	교부권자 서울특별시동대문구(○○○) 매각및 매각결정기일통지서 발송	20○○.09.05 도달
20○○.11.13	최고가매수인 대금지급기한통지서 발송	20○○.11.15 도달
20○○.12.04	채권자 이문○○새마을금고(구:이문1동새마을금고) 대표자 ○○○ ○○○ 배당기일통지서 발송	20○○.12.07 도달
20○○.12.04	채무자겸소유자 오○○ 배당기일통지서 발송	20○○.12.1○ 도달
20○○.12.04	임차인 ○○○ 배당기일통지서 발송	20○○.12.07 도달
20○○.12.04	교부권자 서울특별시동대문구(○○○) 배당기일통지서 발송	20○○.12.07 도달

* 법원 문건 송달내역

　권리신고 및 배당신청도 배당요구종기일이 한참 지난 후에 해놓았다. 대체 이 사람의 정체는 무엇일까? 당연히 최우선 변제금을 받지 못할 텐데 이렇게 한 이유가 정말 뭘까? 갑자기 호기심이 치솟았다. 눈을 반짝이면서 서류를 자세히 살펴보면서 단서 하나를 또 발견했다.

　법원에서 채무자 겸 소유자인 오○○과 임차인 성○○에게 발송한 문서들이, 한 번도 반송되지 않고 제날짜에 도착했다는 사실이다.

　그렇다면 채무자 겸 소유자 오○○과 임차인 성○○은 현재 이 집 사는 상태에, 두 사람은 서로 잘 아는 사이가 아닐까? 직감적으로 점유이전금지가처분을 신청하지 않고도 해결할 수 있겠다는 생각이 들었다. 아무튼 모든 법적소송은 시간과 경비, 마음고생이 수반되는 법이다. 당장 윤 사장에게 전화해 당분간 점유이전금지가처분은 신청하지 말자고 제안했다. "내가 한번 처리해보지요."

Scene 02 이건 선의의 거짓말이야

;졸지에 법무사가 되다

집짓 자신만만하게 말한 뒤 임차인인 성씨의 전화번호로 연락을 시도했다. 여러 번 걸어도 받지를 않는다. 흠, 일단 이 길은 막혔구나. 그래도 포기하지 않고 이번에는 임대인 오씨의 전화로 걸어보았다.

"내일이면 간다네 ♪♪ 나를 두고 간다네~ 황진이, 황~진이 ♬~♬♬♬"

늘어지는 트로트 가락의 컬러링에 흠칫 놀라면서도 삼삼하게 듣고 있는데, 누군가 전화를 받는다. 중년 여성의 목소리였다.

"여보세요?"

"안녕하세요? 혹 OO 빌라 주인 아니신가요?"

"맞는데. 누구시죠?"

나는 0.5초 정도 머리를 회전시키다가 대답했다.

PART 4. 피할 수 없는 최종단계. 명도

"저는 법무사 박○○입니다."

박 법무사는 평소에 자주 함께 일하는 지인이다.

"네, 무슨 일이시죠?"

"○○빌라 건으로 그러는데, 잠시 통화가 가능하신가요?"

"네, 말씀하세요."

"제가 관여할 일은 아닙니다만, 낙찰자인 윤○○씨(윤 사장이다)가 강제집행을 신청해 달라고 우리 사무실로 찾아오셨습니다. 이미 인도명령 결정이 난 상태이기 때문에 신청만 하면 보름 이내에 강제집행이 될 것 같습니다."

수화기 너머로 숨죽이고 듣는 임대인의 표정이 그려졌다.

"그동안 경매까지 당하면서 마음고생이 심하셨지요? 그런데 집행관들이 와서 강제집행까지 당하시면 주위 사람들 보기도 그렇고…. 저희도 딱히 선호하지는 않는 방법입니다. 그래서 낙찰자에게 설득을 좀 드렸습니다. 법대로만 해결하지 마시고 제가 집주인에게 전화나 한번 드려보겠다고요."

전화를 받을 때는 다소 날카로운 톤이었던 임대인의 목소리가 한층 누그러들었다면, 내 착각일까?

"… 사실 전에 낙찰자가 찾아왔더라고요. 이렇게 추운 겨울에 갑자기 나가라면 어떻게 합니까? 그렇게는 못하니 설날이나 쇠고 나가게 해달라고 했지요."

나는 고개를 끄덕였다. 이것이 아마 경매로 집이 넘어간 사람들의 당연한 반응일 터이다. 임대인 아주머니는 이야기를 이어갔다.

"그런데 낙찰자분이 냉정하게 자르시더군요. 그렇게는 못하겠다고요. 그래서 홧김에 그럼 알아서 하시든지 말든지 하라고 했지만, 저도 나쁜 사람은 아닙니다."

"아…그러셨군요. 그러면 설날 지나고 가실 데는 마련하셨나요?"

"아니요, 그동안 정신이 없어서요. 그래도 어차피 비워 줘야 하니 이제부터라도 알아보려 해요."

"그럼, 설날 이후에는 확실히 나가실 수 있겠네요?"

"네, 그렇게 해드려야지요."

"그러면 일단 오늘은 강제집행을 신청하지 않겠습니다. 선생님 입장을 낙찰자와 상의해본 후 다시 전화 드릴게요."

"법무사 선생님, 설날까지만 어떻게 살 수 있도록 꼭 좀 부탁드립니다."

"네, 최선을 다하겠습니다."

집주인과 전화를 끊은 후 윤 사장에게 연락해 자초지종을 설명했다. 어차피 점유이전금지가처분을 신청하고 강제집행을 한다 해도 두 달이 넘게 걸리는 일이다. 비용도 최소한 100만 원은 주어야 마무리가 된다. 그러느니 차라리 그 예산 안에서 소유자에게 이사비를 내주고, 설날만 쇠면 바로 나가게 하는 게 어떠냐는 제안을 했다. 사람 일이 무 자르듯 딱딱 떨어지지는 않는지라 조금 여유 있게 설날이 낀 2월 말까지 시간을 주면 더 좋겠다고 덧붙였다. 윤 사장은 고개를 끄덕였다.

Scene 03 The Negotiator

;부동산 경매세계의 협상전문가

네고시에이터^{The Negotiator}라는 영화는 경찰 내 협상전문가를 다룬 흥미진진한 내용이다. 주로 인질극을 벌이고 있는 범죄인들을 상대로 마이크를 잡고 협상하는 사람들이 바로 '네고시에이터^{협상전문가}'다. 능수능란한 화술뿐만 아니라 인간의 심연을 꿰뚫는 듯한 심리전을 구사하는 모습을 보면, 비록 영화지만 무릎을 치게 된다. 그리고 인간 사회에서 피할 수 없는 '협상'이라는 상황에서 통하는 진리들도 깨닫는다.

　나 스스로 빠져들기는 했지만 어쨌거나 지금의 상황은, '법무사'라는 거짓말까지 하면서 이 경매사건에 깊숙이 개입하게 된 상태다. 그것도 경매로 집이 넘어간 임대인 오씨와 낙찰자인 윤 사장 사이를 중개하는 협상가로써 말이다. 거짓말은 물론 좋지 않다. 그래서 더더욱 나는 그 거짓말을 '선의의 하얀 거짓말'로 인정받기 위해 부단히 애써야 한다. 모두가 만족하는 상황을 위해서 말이다.

그동안 경험으로 깨달은 협상의 핵심은 여럿 있지만 가장 중요한 하나만 들자면 이러하다.

바로 항상 내가 '갑'의 지위에 서는 방향으로 진행하라는 것.

협상의 주도권을 누가 먼저 잡느냐의 문제인 동시에 휩쓸리지 않고 요구사항을 관철할 수 있기 때문이다.

개인적으로 사업에 관련된 협상을 할 때가 많은데, 돈이 많거나 학식이 높은 사람들은 생각외로 까다롭지 않다. 권력을 지닌 사람도 마찬가지다. 가장 다루기 어렵고, 까다로운 사람은 나에게 아무것도 요구할 것이 없는 사람이다.

사업상 꼭 필요한 사람이어서 '만나자'고 했을 때 상대가 "내가 왜 당신을 만나야 하느냐? 나는 당신을 만날 이유가 없고, 만나서도 할 이야기가 없다." 하는 식으로 나오면 제일 난감하다. 설사 어렵게 만남이 성사되어 협상이 이루어진다고 하더라도 내가 유리한 주장은 못 하고 일방적으로 상대방의 요구를 들어줘야 한다.

왜냐, 내가 목마른 입장이기 때문이다. 그 사람은 나에게 필요한 것이 전혀 없지만 나는 사업상 그 사람이 반드시 필요하다. '갑'의 지위를 넘겨주는 상황이다.

나는 항상 이런 원칙을 머릿속에 철저히 새기고 있다. 윤 사장이 내 제안을 받아들이긴 했지만 즉시 집주인에게 긍정적인 답을 주면 이 사람은 '이거 뭐야, 별거 아니잖아?' 하고 생각하게 된다. 너무 쉽게 본인이 원하는 것을 얻었기에 나중에 또 다른 무리한 요구를 할 수 있다. 당연히 들어주리라는 기대 심리가 생기기 마련이니까.

그래서 일부러 뜸을 들여 서너 시간이 지난 후에나 전화를 걸었다.

임대인은 어떻게 잘 되었냐며 궁금해했다.

"그게 좀…. 낙찰자가 살림만 하는 주부여서 그런지 영 말이 통하지 않네요. 본인 입장만 되풀이하고 있어요."

"처음 우리 집에 찾아오실 때도 인상이 그렇긴 했는데…. 뭐라고 했는데요?"

"자기들은 거주 목적으로 경매를 받은 데다 대출도 무려 1억 4,000만 원이나 받았답니다. 한 달에 이자를 80만 원이나 내고 있대요."

"그렇게나 많이 받았대요?"

임대인의 목소리에서 놀라움이 묻어났다.

"글쎄 말입니다. 낙찰자 이야기를 들어보면 그쪽도 이자를 내고 있으니까…. 실날까지 연기해달라고 계속 이야기하기도 뭐하고, 참 난감하네요."

"저도 공짜로는 살 생각은 없어요."

어? 지금 뭐라고 하셨나요??

나는 내 귀를 의심했다. 이 말은 '이자를 낼 의향이 있다'는 말 아닌가! 궁극적으로 원하던 목표인데 너무 쉽게 임대인 입에서 나오니 펄쩍 뛰며 기뻐할 노릇이었다. 얼른 그런 내색을 감추고 말을 이어갔다.

"그래요? 그럼 확실하게 될지 어떨지는 모르지만 이런 방법은 어떠실까요?"

"어떤…?"

"경매로 집을 잃으신 상황에 두 달 치 이자를 다 내야 하면 너무 부담이시잖습니까. 제가 한 80에서 100만 원 사이로 금액을 맞추자고 말해볼까요?"

상대방이 깎을 것을 염두에 두고 제시한 금액이었다. 받고 싶은 금액은 이미 계산해두었는데, 70만 원쯤이었다. 낙찰자가 임대인이 나갈 때까지 기다려야 할 기간이 한 달 보름, 한 달에 낙찰자가 은행에 내야 하는 이자가 55만 원임을 고려하면 적절한 금액이었다.

80에서 100만 원을 제시했으니 못 이기는 척하면서 조금 깎아준다 하더라도 상대는 절약했다며 기뻐할 게 틀림없다. 물론 나도 받을 돈은 다 받으면서 상대방에게 양보했다는 생색이 나니 좋은 일이다.

내 예상대로 집주인은

"제가 돈이 많이 없으니 70만 원 선으로 해주시면 좋겠는데요."

"음, 그렇게 해드리고 싶지만 제가 결정권은 없으니까요. 아무튼, 최선을 다해서 이야기는 해 보겠습니다. 대신에 이사비는 없겠네요."

"남들은 다 준다던데…" 나는 재빨리 마무리를 지었다.

"선생님, 지금 조건도 제가 장담은 못 드릴 텐데 이사비까지 이야기하기는 좀 곤란할 듯합니다."

"알겠습니다, 꼭 70만 원으로 부탁해요."

Scene 04 집주인을 설득하다

;상대방 입장에도 서보도록 하자

전화를 끊고 다른 일을 하다 2시간쯤 후 다시 집주인에게 전화했다. 전화를 받자마자, "어떻게 되셨어요?" 하며 다급하게 묻는다.

"휴, 자기들만 손해라며 말이 안 통하네요. 여자 분이 사회생활을 해보지 않은 분 같아요."

전화기 너머로 집주인의 한숨 소리가 들렸다.

"아무래도 남자끼리 이야기하는 게 좋을 듯해서 그분 남편에게 전화를 넣었습니다. 선생님 사정을 이야기했더니, 자기는 좋은데 아내에게 결정권이 있어 퇴근 후 상의해 보겠다네요. 내일 오전에 전화 주겠다는데 느낌상 잘될 것 같으니 너무 걱정하지 마세요. 내일 전화 드리겠습니다."

나는 일단 집주인을 안심시키고, 아무 이해관계가 없는 내가 최선을 다하고 있다는 점을 부각했다. 그랬더니 집주인은 이제 이사비 요구는 생각도 않고 오직 70만 원에 설날까지 살 수 있기만을 바랐다.

다음날 나는 약속한 오전이 아닌 오후 느지막이 집주인에게 전화했다.

"어떻게, 잘되셨나요?"

"오후에 낙찰자 남편분에게서 전화가 왔는데, 아내가 생각보다 완고하니 하루만 더 시간을 주시면 설득해 보겠다는군요."

"네! 알겠습니다."

"내일 전화 오면 다시 연락드리겠습니다."

"괜히 저 때문에 고생이 많으시네요."

"별말씀을요. 그저 다 잘 됐으면 좋겠습니다."

드디어 마지막 전화를 하는 날이 왔다. 이제는 내 몸에 박 법무사가 빙의될 지경이었다.

"그 분이 겨우 아주머니를 설득하셨다네요! 그런데 아내 되시는 분이 계속 말꼬리를 달고 계시는 모양입니다."

집주인은 설득했다는 말에 목소리가 밝아지다가 바짝 긴장하는 듯했다.

"이렇게 해줬는데 나중에 못 나가겠다고 하면 어쩌하느냐면서…서류 한 장만 해주십사 합니다."

"당연히 해줘야지요! 어떻게 하면 되나요?"

조건이 달랑 서류 한 장이라니 어지간히 반가운 모양이었다.

"합의서는 제가 만들어 놓을 테니 인감증명서랑 가족관계증명서 한 통씩만 가지고 내일 우리 사무실로 오시겠어요?"

인도명령결정문이 임차인 성OO 앞으로 나왔기 때문에 가족관계증명서가 필요했다. 만에 하나 집주인이 추후 약속을 지키지 않으면, 가족이라는 사실을 증명해 바로 집행해야 하기 때문이다.

"내일은 제가 약속이 있으니 모레 갈게요."

"그러면 모레 오전 11시까지 우리 사무실에서 뵙겠습니다."

"저 때문에 너무 고생하셨는데, 그날 선약이 없으시면 점심이라도 대접하고 싶습니다."

"어휴, 말씀만으로도 감사합니다. 하지만 약속이 있으니 커피만 한 잔 사주시면 감사하게 마시겠습니다."

집주인은 커피라면 100잔이라도 사 줄 수 있다며 밝게 웃었다.

Scene 05 아카데미 남우주연상 & 여우조연상

;내가 원하는 조건을 확실히 파악한다

집주인과 만나기로 약속한 날이 되었다. 윤 사장은 약속시각보다 1시간이나 빨리 사무실의 문을 두드렸다.

"아니, 왜 이렇게 빨리 나오셨어요? 걱정되세요?"

"원장님이 하시는 일인데 제가 무슨 걱정을…." 그러나 얼굴에는 긴장한 기색이 역력했다. 나는 미리 작성해둔 합의서를 보여주었다.

"보시고 고칠 부분이 있으면 말씀해주세요."

윤 사장은 꼼꼼히 읽어보더니 고칠 게 없다며 조금 긴장을 늦추었다. 이제는 말을 맞추어야 했다.

"우리는 서로 전혀 모르는 사이입니다. 아셨죠?"

졸지에 나와 윤 사장은 강제집행 신청 때문에 알게 되었을 뿐인 사이로 변했다.

"원래는 이렇게 해주면 안 되는데 법무사와 남편이 하도 설득해서 넘어간 거라고 말씀하셔야 해요."

그렇게 열심히 연기의 세부사항을 교육하고 있는데 휴대전화가 울린다. 집주인이었다.

"네, 안녕하세요? 어디 신가요?"

"지금 뚝섬역 4번 출구 앞으로 나왔습니다."

"잠깐만 거기 계세요. 제가 모시러 나갈 겁니다!"

사무실을 나서면서 윤 사장도 밖으로 몰아냈다. 이따 집주인이 도착할 때쯤 해서 이제 막 오는 것처럼 들어오라고 했다.

4번 출구로 가니 50대쯤으로 보이는 아주머니가 보였다.

"혹시 OO 빌라에서 오셨습니까?" 내 말이 채 끝나기도 전에 "네."하고 뜻밖에 시원스러운 대답이 돌아온다.

"여기 오시기 불편했시요?"

"아니요. 전철 안에 따뜻하게 있었는데요. 뭘."

"이쪽으로 오세요. 저 건물에 사무실이 있습니다."

"네, 곧 뒤따라갈 테니 먼저 들어가세요."

"…?…같이 가시지 않고 왜요?"

"커피 사 가지고 금방 갈게요!"

내 수고비로 커피 한 잔이면 된다고 했더니 그 약속을 지킬 모양이다. 사무실에 커피가 쌓여있으니 괜찮다며 극구 사양해도 먼저 들어가라고 해서 하는 수 없이 먼저 들어왔다. 잠시 후 집주인이 커피 향과 함께 사무실로 들어왔다.

때마침 윤 사장도 사무실로 들어오기에

"저분이 낙찰자이십니다. 인사하세요."라고 했다.

"안녕하세요. 지난번에 우리 집에서 한번 뵈었죠?"

"아, 예."

윤 사장은 내가 시키는 대로 마지못해 나왔다는 듯 시큰둥하게 대답을 했다. 그 연기력에 내심 놀라며 합의서를 꺼냈다.

"제가 한번 작성해 보았습니다. 읽어 보시고 수정할 것 있으시면 말씀해 주세요?"

집주인은 꼼꼼하게 합의서를 읽어보더니 수정할 사항이 없다며 서류를 되돌려주었다.

신분증을 달라고 해서 확인해 보니 소유자 겸 채무자인 오O미가 아니라 오O자였다.

"어, 소유자분과 성함이 다르네요?"

"제가 오O미의 언니인데, 그 집은 제집입니다."

"그게 무슨 말씀인지?"

"명의만 제 동생에게 빌렸어요."

"그러면 임차인 성OO는 누구 신지요?"

"우리 큰딸인데 지금 저와 함께 살고 있어요."

집주인이 가져온 가족관계증명서를 살펴보니 임차인 성OO은 자(子)로 등재되어 있었다. 임차인 성OO가 진짜 이곳에 거주하는지가 궁금해서 가족관계증명서를 가지고 오라 했던 참이었는데 성과가 있다.

"궁금한 점이 몇 가지 있는데요?"

"예, 말씀해보세요."

"채권최고금액이 얼마 안 되어 경매를 취하할 수도 있었을 텐데…. 왜 안 하셨어요?"

"그 이야기를 하자면 좀 복잡해요, 혹 등기부 보셨어요?"

"아니요."

"보시면 알겠지만, 동생이 사업을 매번 망치는 바람에 이전에도 경매가 들어왔었어요. 그땐 제가 다 갚아줬지요. 하지만 이번에는 아니다 싶어서 경매 당일까지 고민하다 포기했어요."

"그런 사연이 있었군요!"

집주인 이야기를 들어보니 이번에도 동생 빚을 갚아주고 경매만은 막을까 고민하다 배당요구종기를 넘기게 되었다는 것이다. 뒤늦게나마 같이 사는 딸을 내세워 허위 임대차계약서를 작성한 후 법원에 제출했다고 한다. 이런 이야기를 들으면서 합의서 처리 과정은 순조롭게 진행되었다.

"약속하신 70만 원은 가지고 오셨나요?"

"아니요. 계좌번호 주시면 이 자리에서 이체해 드리겠습니다."

스마트폰으로 그 자리에서 돈이 오고가고 합의는 마무리되었다.

나는 "이제 두 분 서로 합의를 하셨으니 약속을 성실하게 이행하셨으면 좋겠네요." 하고 말하면서 윤 사장에 눈짓했다.

"사모님은 이제 돌아가셔도 됩니다."라고 했더니 윤 사장은 알았다며 가볍게 묵례만 하고 나선다. 그 시크한 분위기 연출(?)과 연기력에 나는 잠시 할 말을 잃었다. 저런 사람이었나.

Scene 06 고백의 순간

;윈윈(win-win) 정신을 잊지 말 것

윤 사장이 나간 후, 나는 집주인에게 너스레를 떨었다.
"동안이셔서 30대 후반인 줄 알았는데, 주민등록증 보고 깜짝 놀랐습니다. 무슨 비결이라도 있으세요?"
"호호, 제가 한 미모 하죠?
갑자기 분위기가 화기애애해진다.
역시 나이 드신 여성분들에게는 젊게 보인다는 말처럼 듣기 좋은 말이 없나 보다.
집주인은 마치 나를 오래된 지기 대하듯 본인 이야기부터 가족관계 이야기, 집이 경매로 나온 이야기를 들려주었다. 가만히 이야기를 듣다 보니 평범한 가정주부라기보다 상당히 배짱 넘치는 사업가의 면모가 물씬 풍겼다.
"혹시 사업을 하십니까?"

역시나, 부산에서 꽤 큰 업체를 운영하는 현역 사업가였다.

"어쩐지 좀 남자답게 시원시원하시더군요."

그 칭찬 역시 나쁘지는 않은 모양이었다. 빙그레 웃더니 시선으로 사무실 책장 가득 꽂힌 경매 서적들을 좇는다.

"법무사님, 혹 경매 낙찰도 받아 주시나요?"

"네, 경매물건을 낙찰받기도 하고 경매를 전문적으로 가르치기도 합니다."

나는 침을 꿀꺽 삼켰다. 이제 까다로운 일도 다 해결되었고, 윤 사장이나 집주인 모두 나름대로 얻을 것은 얻는 좋은 협상이었다. 내가 법무사가 아니라는 사실을 밝힐 때가 온 것이다.

"…그리고 사실 저는 법무사가 아니고, 여기 서울부동산칼리지 원장입니다. 본의 아니게 거짓말을 하게 되어 죄송합니다."라며 고개 숙여 사과부터 했다.

잠시 눈을 동그랗게 뜨던 집주인은 금세 표정을 풀며 말한다.

"법무사님, 아니, 원장님 덕분에 제가 강제집행도 당하지 않고 두 달간이라는 시간을 벌었는데요 뭘. 저는 그저 감사할 따름입니다."

"그렇게 생각해 주신다니 마음이 놓입니다."

"유원장님, 초면에 죄송한데 부탁 하나만 드려도 될른지요…?"

"뭔데요? 제가 들어드릴 수 있는 부분이라면 얼마든지요."

"딸 앞으로 서울시내 작은 빌라를 하나 경매로 받았으면 하거든요. 그런데 제가 부산에 살다 보니 지리도 잘 모르고 시간도 내기 어렵네요. 원장님이 대신 받아 주시면 수고비는 넉넉하게 드리겠습니다."

합 의 서

"갑" 윤 ○ ○
"을" 오 ○ 자

* 대상물건 : 서울시 동대문구 ○○동 76-3, ○○빌 4층 401호

위 "갑", "을"은 다음과 같이 상호 합의 한다.

- 다   음 -

1. "갑"은 "을"에게 대상물건을 2013.2.28.까지 점유·사용하게 하고, "을"은 "갑"에게 금 칠십만 원(₩700,000)을 지급한다.

2. "을"은 "갑"에게 2013.2.28.까지 "을"이 점유·사용하고 있는 ' 위 대상물건'을 이사비 없이 "갑"에게 명도한다.

3. "을"은 위 대상물건에 있는 모든 짐(이하 유체동산이라 칭함)은 "을" 소유임을 확인하고, 위 유체동산을 위 제1항에 명시된 명도일 2013.2.28.까지 관리비와 각종 공과금을 완전히 정산한 후에 위 대상물건에서 모두 반출하기로 약속한다.

3. 만약, 위 제 2항에 적시한 기일까지 유체동산을 반출하지 못한 경우에는 , 반출하지 못한 나머지 유체동산의 소유권을 포기하기로 하며, 남은 유체동산의 소유권은 "갑" 소유로 하기로 한다.

4. "을"이 위 제1항, 제2항, 제3항에서 약속한 건물명도 약속을 이행하지 못할 시에는 "갑"에게 위약금조로 월 금 176만 원을 지급하기로 한다.

5. "을"이 위 제1항, 2항, 3항, 4항의 약속을 지키지 않을 시 "갑"은 "을"을 사기죄등으로 고소할 것이며, "을"은 이에 대하여 어떠한 처벌도 감수할 것이다.

2013. 1. 11.

위   "갑" 윤 ○ ○ (인)
"을" 오 ○ 자 (인)

"딸이라면 임차인으로 신고한 성○○ 말인가요?"

"네, 제 큰딸이에요."

"좋습니다! 그럼 제가 거짓말을 했으니 수수료는 놔두시고, 아메리카노 한 잔만 더 사주시지요. 그걸로 좋은 물건 받아드릴게요."

집주인은 어린애마냥 좋아하면서 돌아가는 길에 몇 번이나 감사하다고 허리를 굽혔다.

후우, 나는 오랜만에 긴 한숨을 내쉬었다. 서로 금전적 이해가 첨예하게 대립된 경매세계에서는 가끔 선의의 거짓말이 필요할 때가 있다. 그나저나 지금까지 아무것도 모르고 있는 박 법무사에게 슬쩍 미안해진다. 나중에 만나면 식사라도 대접해야지.

Scene 07 오랜만에 만난 악질 소유자(?)

;강제집행은 최후의 수단

정말 오랜만이었다. 경매 낙찰을 받고 나면 늘 명도 과정이 기다린다. 지금 그곳에 사는 이전 소유자나 임차인을 내보내는 일이다. 경매 초보자들이 가장 겁을 먹고 어려워하는 과정이기도 하다. 하지만 상상만큼 끔찍한 일은 아니며, 법도 낙찰자 위주로 개정을 거듭해 지금은 수월한 일이 되었다. … 라고 늘 말하던 내가 실로 이해 못 할 소유자를 만나서 강제집행 카드까지 꺼내 들고 말았다. 계고장을 붙이고 오는 길, 발걸음이 무겁다.

낙찰받은 지 벌써 1년이 넘은 물건인데…. 이 소유자, 채권자와 짜고 미꾸라지처럼 이리저리 피해 다니는데 기가 막힐 노릇이었다. 결국, 집행관이 강제로 열쇠를 따고 들어가 보니 그동안 공짜로 살면서도 이사 갈 준비는 전혀 해놓지 않은 상태였다. 강적이다.

처음에는 이 사람들 때문에 낙찰 후 과정이 잘 풀린다고 생각했다. 내가 낙찰받은 후 이들이 항고보증금 공탁 후 즉시항고를 해준 덕에 입찰보증금만 내고 1년 동안 잔금을 치르지 않을 수 있었다. 그래서 불과 한 달 전에 대출을 받아 잔금을 냈다.

부동산 매매 시장이 죽어있는 요즘 같은 때, 이 사람들이 1년 넘게 소송을 해주었기에 대출이자를 부담할 필요가 없었달까.

게다가 그 사이 지하철까지 개통되어 전세금도 껑충 올랐으니 이래저래 좋은 일만 있었다. 그래서 웬만하면 이사비도 좀 주면서 명도를 할까 하는 좋은 마음이었다. 그런데 어라? 대체 무슨 생각인지 전화번호도 모조리 바꾸고 도무지 만나주지를 않는다. 지끈대는 머리를 누르면서 이번 물건을 경매로 넘긴 채권자에게 전화했다.

"어쩌죠? 도무지 이 사람들 만날 수가 없습니다." 하고 하소연을 시작했나. 그러자 채권사가 해주는 소언이 부시부시하다.

"그분들 도저히 말이 통하지 않는 인간말종들입니다. 말로 해서는 절대 되지 않을 테니 무조건 법대로 하세요."

그 말을 듣고도 설마 설마 하면서 좋게 끝내려고 몇 번이나 찾아갔는데 아무런 소용이 없었다. 누가 보면 내가 아쉬운 쪽인 줄 알았을 거다. 나는 당신들을 생각해서 이러고 있다고!

그렇게 몇 번이나 발걸음을 하면서 낯까지 익어버린 옆집 아줌마로부터 다정한 전언을 들었을 뿐이다.

"죽기 전에는 절대로 자기 집에서 안 나가겠다던데요?"

아···. 울며 겨자 먹기로 인도명령을 신청하니 결정문이 나왔는데, 이제는 우편물조차 받지 않는다. 아마 누군가 어설픈 조언을 했으리라. 과거에는 강제집행을 하기 위해 송달증명원을 받기 위해서는 공시송달까지 해야 해서 시간이 꽤 걸렸다. 하지만 현재는 법원 실무지침이 바뀌어, 상대방이 고의로 우편물을 받지 않아도 상관없다. '우편물 반송 직인이 찍힌 날 송달된 것으로 간주한다.'라는 조항이 있는 것이다.

누군지는 모르겠지만 아마도 자칭 경매전문가라는 사람이 조언했겠지. 그런 어설픈 말을 듣고 낙찰자에게 피해를 주고 있다.

이렇게 송달증명을 발급받아 강제집행을 신청했고 13일 만에 계고장을 붙이고 나왔다. 그쪽은 끝까지 우편물을 받지 않고 버텼다.

지금쯤 그 예전 소유자가 집에 들어왔다면 현관에 붙어있는 '1주일 후에 강제집행하겠다'는 선명한 글씨를 보았을 터이다. 어떤 기분이 들까? 버티고 또 버티면서 우편물을 거부하면 앞으로도 한 1년쯤 더 살 수 있다고 생각했을 텐데 1주일 후에 강제집행이라니…. 워낙 만만치 않은 사람들이니 앞으로 또 어떤 일을 꾸밀지 모른다는 생각도 들었다. 하지만 강제집행까지 해서 사람을 쫓는 과정이 착잡함은 어쩔 수가 없었다.

'내일 아침 다시 찾아가 보자.' 하고 기분을 풀면서 잠이 들었다.

지금까지 뒤통수 앞 통수 다 때린 사람들이지만 그래도 그 사람들은 삶의 터전을 잃기 직전 아닌가. 내가 한 번만 더 애쓰자, 하고 생각하니 한 번 더 찾아갈 마음이 들었다.

Scene 08 우리 그렇게 나쁜 사람 아닙니다

;버티는 사람들도 이유는 있다

강제집행 계고장을 붙이면 보통은 바로 전화가 온다. "다음 주까지 이사 갈 테니 한 번만 봐주세요.", "이사비를 200만 원 주시면 나가지요." 하는 식의 협상 전화다. 그런데 이번에는 닷새가 지나도록 아무런 연락이 없다. 법으로 밀어붙이는 강제집행을 당하면 정신적으로나 물질적으로 손해가 큰 데 말이다.

'이 사람들 큰일 나겠네…. 아니야, 내가 왜 이런 걱정을 하지?'

머리를 도리도리 저으며 의문을 떨치려 애썼다. 그런데 다음 날, 정확히 강제집행을 하루 남기고 모르는 번호의 전화가 걸려왔다.

"여보세…."

"나 OO 빌라 소유주입니다. 이사는 한 달 후에 갈 테니 강제집행을 연기하세요. 법원 경매계에도 전화했습니다."

뚜뚜뚜. 제 할 말만 하고 전화를 툭 끊어버린다. 황당이라는 낱말이 이래서 있구나, 하면서 멍하니 있다가 정신이 들자마자 법원경매계장님에게 전화를 해보았다.

"계장님, 대체 그 사람이 뭐라던가요?"

"몰라요. 대뜸 자기가 집주인이라며 강제집행 연기해달라던데요?"

이사는 가주겠다는 등 하며 아주 생색을 낸 모양이다. 나 못지않게 계장님도 황당한 눈치였다. 내 전화를 받고 갑자기 분노가 몰려오는지,

"아, 이 사람들 정말 말로는 안 되겠는데요? 악질이에요. 그냥 강제집행하십시오."하고 냉철하게 판단을 해준다. 나 역시 그러지 않을 이유가 없다. 그러겠다면서 전화를 끊었다. 그런데 여기서 멈추기에는 내 호기심이 너무 컸다. 대체 뭘 믿고 이러는지 알고 싶다.

"여보세요, 낙찰받은 소유자입니다."

"이사 간다니까요?!"

신경질적인 목소리가 한 톤 더 올라간다. 그러거나 말거나 나는 일부러 목소리를 점잖게 깔면서 응수했다.

"아니 1년 동안 그렇게 애먹이며 온갖 소송을 다 하신 분을 제가 어떻게 믿습니까? 강제집행 계고장을 붙이니 그제야 나간다는데, 그것도 당장이 아니라 한 달 후에! 믿을 수 있는 방법을 제시해주시면 저도 연기를 고려해보겠지만요." 그런데 돌아오는 대답이 가관이다.

"아니, 나간다는데 그대로 믿으시면 되지요? 뭐가 문젭니까?"

아 정말…, 신이시여…, 쿼바디스 도미네….

상대방이 듣건 말건 상관없이 본인이야기만 풀어놓는다. 질릴 대로 질려서 '나도 양보할 테니 선생님도 나에게 뭘 양보하실 것인지 생각해 보

시라'는 말만 남기고 전화를 끊었다.

인생을 살다보면 아무 이유 없이 억울한 일을 당하고는 한다.

이번 경우에는 부동산 관련 명의만 아들 이름으로 되어 있을 뿐, 실제로는 그 아버지가 모두 지휘한 일이다. 막상 아들은 아무것도 모르는 채 시키는 대로만 했을지도 모른다. 그러니 이 모든 일이 부당하게 느껴질 수 있으리라. 하지만 이렇게 생각해보자. 자그마치 1년 넘게 끈 소송이고, 자기 명의로 법원에서 어떤 일이 오간다면 서른이 넘은 나이에 파악 정도는 해야 했다고 본다. 왜 이런 일이 일어났을까, 혹은 내게는 어떤 불이익이 있을까 하는 등의 성찰이 없었던 듯하다. 그렇게 손 놓고 있다가 당하는 모든 일은 자신의 불찰 아닐까?

심지어 약간 이상한 낙찰자(그게 나다)가 자신들을 생각해 좋게 타협을 해주려 하는데도 막무가내로 본인주장만 하고 있다.

오후에 다시 전화를 걸었다.

"강제집행을 연기하고 한 달간 여유를 줄 테니 선생님도 나에게 두 가지만 양보해주시죠?"

"뭔데요?"

"첫째는, 현금 2백만 원을 저에게 공탁해주세요. 보증금조로 가지고 있다가 이사 가시는 날 바로 돌려 드리지요. 둘째는 이사 갈 날짜를 정하자마자 계약한 이삿짐센터 전화번호를 알려 주세요."

나로서는 최대한 양보한 제안이었다. 그런데 아니나 다를까, 바로 징징대는 소리가 따라온다.

"이사 가는 건 난데 2백만 원을 왜 줘요? 아직 이사 갈 데도 못 정했는데 이삿짐센터 전화번호가 어디 있습니까?"

더 이상은 이야기를 들어주면 곤란할 듯했다.

"제 조건을 수용하시면 강제집행 않고 한 달간 여유를 드릴 테고, 아니라면 예정대로 강행하겠습니다. 생각해보시고 전화주세요!"

하고 조금 매정하게 전화를 끊었다. 그리고는 엄포용으로 강제집행비를 일단 예납했다.

바로 다음날 부재중전화 한 통이 휴대전화에 남아 있었다. 전화를 해 보니 소유자의 여동생이란다. 오빠와는 반대로 사태의 심각성을 인식했는지 상당히 예의바른 말투였다.

"아, 여동생이십니까. 그런데 무슨 일로?"

"사장님, 이번 주 일요일 날 이사 갈 테니 제발 강제집행만 말아주세요."

"…그 말을 제가 어떻게 믿습니까?"

"사장님. 한 번만 더 속는 셈 치고 믿어 주세요. 이삿짐센터와 계약하고 바로 전화번호 알려 드릴게요."

워낙 통사정을 하기에 그렇게 하라고 했다. 애초에 나도 강제집행을 할 생각은 없었지 않은가. 재빨리 강제집행을 연기하고, 정말로 약속을 지키려나 반신반의하면서 기다렸다.

삐빗. 그로부터 이틀 후 휴대전화에 문자 하나가 떴다. 기다린 보람이 있었다.

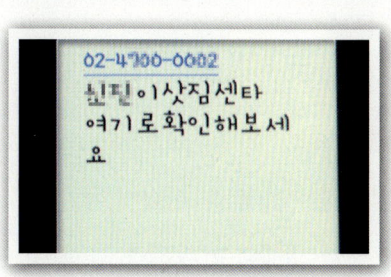

* 명의자 여동생이 보내온 문자메시지

Scene 09 응어리가 풀리는 이삿날

;사람 대 사람으로 만나자

이사 가기로 약속한 날이 왔다. 전날부터 일기예보에서는 날씨도 춥고 비가 많이 온다고 말했다.

'비가 많이 오면 이사 가기가 쉽지 않을 텐데…'

또 오지랖이 생겨서 전전긍긍했다.

'이삿짐센터에 전화해서 날씨 좋은 날 가라고 할까…'

하고 고민하면서 또 잠자리에서 뒤척인다. 하지만 다행히도 날씨는 매우 화창했다.

10시쯤 전화를 해보니 한창 이사 중이며 열쇠는 현관문에 달린 우유가방에 넣어 두겠단다.

그래도 얼굴이라도 한 번 보는 게 사람 사는 도리라는 생각이 들었다. 전기나 수도요금이 행여 밀렸다면 그냥 내가 내겠다고 말해줄 겸 음료수 한 상자를 사 들고 그 집으로 향했다.

도착하니 정말로 이사준비가 한창이었다. 이삿짐센터 직원에게 누가 실질적인 집주인이냐고 물었더니 모퉁이에서 열심히 움직이는 아주머니 한 분을 가리킨다. 얼른 곁으로 가 사 온 음료수를 내밀며 인사를 했다.

"안녕하세요, 제가 낙찰받은 사람입니다."

엉겁결에 음료수를 받아든 아주머니는 당황한 기색이었다. 아마 생각지도 못한 상황이긴 할 것이다.

"강제집행까지 신청한 점은 죄송했습니다."

"저희는 그렇게 막 되어 먹은 사람들이 아닙니다. 그런데 갑자기 강제집행하신다고 하니 깜짝 놀랐어요."

"죄송합니다. 하지만 정말 여러 번 찾아와도 뵐 수가 없어서요."

그러면서 그간의 이야기를 간단히 했다. 현관문에 전화번호까지 적어 붙여 놓았는데 도통 연락이 없었던 일 등등.

"아…, 딸이 아이를 낳은 지 얼마 되지 않아 아기를 보느라 이 집에는 잘 들르지 않아요. 남편이 자기가 다 처리한다고 해서 저희는 전혀 신경을 못 썼지요."

"네, 그러셨군요. 그래도 강제집행 없이 이사해 주셔서 정말 감사드립니다."

다시 한 번 고개를 숙이자 그동안의 오해가 풀렸는지 기분이 조금 나아 보였다. 모든 공과금도 다 냈다면서 집 구석구석의 손 볼 곳 등을 가르쳐 주신다.

이삿짐 차가 떠날 때 새집에서 행복하게 사시라는 말을 하며 열쇠를 받는데 기분이 정말 묘했다.

곤경에 처한 사람을 막다른 골목으로 몰지 않고 마지막까지 배려했더니 오히려 더 나은 결과가 다가와서다. 시간도 아끼고 돈도 덜 잃었다.

어떤 이들은 '경매는 기술이다.'라 주장하며 테크닉을 강조한다. 맞는 말이다. 하지만 나는 '경매는 결코 기술만으로 되지 않는다'고 외치고 싶다.

* 이사 후의 텅 빈 집

경매로 성공하려면 물론 낙찰 후 법대로 신속 정확하게 명도를 끝낼 필요도 있다. 그편이 이익을 많이 안겨주기 때문이다. 하지만 그보다 훨씬 더 중요한 부분이 있다. 나와 다른 상황에 있는 많은 사람을 만나게 되는 경매가 아닌가.

남의 아픔을 치유할 수 있는 가치와 철학이 있어야 한다.

이런 가치와 철학 없이 단지 이익만을 추구하는 사람은 많은 것을 놓치기 마련이다. 어느 정도 부는 이룰 수 있을지언정 주변 사람에게 해를 끼치는 경우를 종종 본다. 비록 돈과 수익이 오가는 경매세계이지만, 더불어 사는 경매인들이 많이 나와 모두 웃을 수 있는 세상이 되었으면 하는 바람이다.

맺으면서

지금까지 여러 분야의 사업을 해오면서 느낀 점이 하나 있다.
결국 모든 일은 사람이 한다는 것이다.
그래, 사람이 가장 중요하다.
무슨 일을 하든, 어디에 있든.
기업이나 국가에서는 인재가 없다며 한탄하고, 젊은이들의 단점을 부각시키는 화법을 구사한다. 나는 그런 자세로는 그 어떤 조직도 경쟁에서 승리시킬 수 없다고 믿는다. 왜냐고? 능력을 갖춘 사람이 없는데 그럼 어쩌라는 말이냐고? 그 질문에 대한 답은 이렇다.
인재는 채용하는 것이 아니라 키우는 것이다.
적어도 내 믿음은 그렇다. 그래서 난 돈 많고 젊고 학벌이 좋은 사람보다는 심장이 뛰는 사람을 골라 교육시킬 예정이다. 당장은 돈도 학벌도 없고, 나이까지 많아도 상관없다.
어떤 사람은 머리는 좋은데 욕심이 많고 남 험담을 잘한다. 이런 사람은 한 조직에서 암적인 존재가 되기 마련이다. 무쇠덩어리도 물방울로 인해 작은 녹이 슬기 시작하면 이로 인해 전체가 부식되고 만다. 인간의 마음도 휩쓸리기 쉬운지라 작은 험담이 퍼지다 보면 조직을 망친다. 말만 앞서는 사람은 늘 조심해야 한다. 행동보다 감언이설로 무장한 사람은 자기 자신만 망치지 않고 조직의 발전까지 저해한다.

내 수업에 들어오는 학생들에게 첫날부터 딱 잘라 강조하는 행동양식이 있다.

'지금 이 시간부터 남 험담하지 말라'

'투덜이와는 점심도 같이 먹지 말라'

사람은 생각하고 말하고 행동하는 대로 인생이 만들어진다.

간절한 꿈은 간절한 노력에서 나온다.

누구나 부자가 되고자 원하고 갈망한다. 그러나 어떤 사람은 꿈만 꾸고 행동으로 옮기지 않고, 어떤 사람은 그 꿈을 이루기 위해 바로 행동으로 옮긴다. 결국 부자라는 최종 위치는 꿈꾸며 노력하는 자만이 성취할 수 있는 인고의 산물이다.

이 책을 읽은 모든 이들이 자신에게 가장 어울리는 꿈을 꾸고, 그 꿈에 발맞추어 나가면서 원하는 바를 이루었으면 한다.

사실, 나는 아직도 배가 고프다.

2013년 가을